러시아어로 말합시다

허승철 · 예시나 · 막시모바 공저

건국대학교 출판부

러시아어로 말합시다

초판 1쇄 인쇄 2019년 8월 27일
초판 1쇄 발행 2019년 9월 6일

지은이 허승철 외 2명
펴낸이 서덕일
펴낸곳 도서출판 문예림

출판등록 1962.7.12 (제406-1962-1호)
주소 경기도 파주시 회동길 366 3층 (10881)
전화 (02)499-1281~2 **팩스** (02)499-1283
대표전자우편 info@moonyelim.com **통합홈페이지** www.moonyelim.com
카카오톡 ("도서출판 문예림" 검색 후 추가)

디지털노마드의 시대, 문예림은 Remote work(원격근무)를 시행하고 있습니다.
우리는 세계 곳곳에 있는 집필진과 원하는 장소와 시간에 자유롭게 일합니다.
문의 사항은 카카오톡 또는 이메일로 말씀해주시면 답변드리겠습니다.

값 14,000원

ISBN 978-89-7482-909-4(13790)

Поговорим по-русски ...

Хо, Сун Чхол

Есина, З.И.

Махимова, Е.Р.

Издательство университета "Конкук"

Сеул, Республика Корея

2003

머리말

    <러시아어로 말합시다>는 한국에서 러시아어를 배우는 사람들을 위해 한국 상황을 배경으로 씌어진 회화 교재이다. 수십 년간 외국인에게 러시아어를 교육해 온 러시아 전문학자 2인이 쓴 본문을 국내 교수가 한국 상황에 맞게 편집하여 책을 내게 되었다. 한국에서 러시아어를 배우는 학생들에게는 한국의 문화와 생활환경을 소재로 구성된 텍스트를 사용하는 것이 학습 효과의 증진에 큰 도움이 되며, 요즈음 외국어 교수법에서 중요시되고 있는 '문화적 언어교수법(культурология)'에도 부합된다고 본다.

    이 책은 16과로 이루어져 있으며 약 160~200시간 정도의 강의 시간을 할당하여 학습할 수 있도록 꾸며져 있다. 본문은 쉬운 내용에서 시작하여 난이도가 점차 높아지도록 구성하였으므로 약 2~3학기에 걸쳐 단계적으로 학습하는 것이 바람직하지만, 몇 과만을 선택하여 공부해도 충분한 학습 효과가 있다고 본다. 국내 러시아어 회화 과목의 강의자가 대개 원어민이라는 점과, 수업 자체를 원어로만 진행하는 immersion program의 학습 효과를 고려하여 우리말 번역은 최소한으로 한정하였다. 원어민 2인이 녹

음한 CD를 첨부하여 청취나 발음에 도움이 되도록 하였고, 강의자의 도움 없이 학습이 가능하도록 하였다.

늘 책을 낼 때마다 많은 사람의 도움을 받고 빚진 마음을 떨쳐버리지 못하지만, 머리말에 이름을 언급하는 것으로 감사의 마음을 조금이라고 전달할 수 있기를 바랄 뿐이다. 컴퓨터 편집을 맡아준 꾸릐쉐바(Курышева, Л.О.) 씨와 교정을 맡아준 보주코 교수와 이병훈 박사에게 감사드리고, 책이 완성되는 여러 단계에서 도움을 준 제자 박종우·김정한·정기수 군에게도 감사의 마음을 표한다. 또한 상업적 계산보다 학술적·문화적 가치를 먼저 고려하여 러시아어 문학 관련 서적의 출판에 큰 관심을 보여주시는 건국대학교출판부 여러분들에게도 깊은 사의를 표한다.

2002년 12월
저자들 씀

СОДЕРЖАНИЕ

Знакомство в аэропорту.

Алексей Иванов с женой Ниной прилетели в Сеул. Их встречает представитель фирмы "Классик" Ким Нам Су. Он держит в руках табличку "Алексей Иванов". Алексей подходит к Ким Нам Су.

Алексей : Здравствуйте! Это я – Алексей Иванов. А это моя жена. Её зовут Нина.

Ким : Очень приятно. Меня зовут Ким Нам Су. Я представитель фирмы "Классик". Как долетели?

Алексей : Спасибо. Я – нормально, а Нина немного устала. Мы долго летели из Москвы в Сеул, около девяти часов.

Ким :	Нина! Вы плохо себя чувствуете?
Нина :	Нет-нет. Сейчас нормально. Спасибо.
Ким :	Я не знал, что у Вас, Алексей, такая молодая и красивая жена. Вы познакомились в Москве?
Алексей :	Да, мы с Ниной москвичи. Она моложе меня на 5 лет. Ей 25 лет. Она актриса и работает в театре. Однажды я пришёл на спектакль, увидел её и сразу влюбился. Мы поженились в прошлом году.
Ким :	Нина, Вам нравится ваша профессия?
Нина :	Конечно, мне интересно работать в театре.
Ким :	Но в Корее Вы будете без любимой работы. Вам не будет скучно?
Нина :	Думаю, что нет. Я читала, что Корея очень интересная и красивая страна. Я хочу познакомиться с историей и культурой Кореи, её народом.
Ким :	А корейский язык Вы хотите выучить?
Нина :	Это очень трудно?
Ким :	Я думаю, Вам поможет моя жена.
Нина :	Вы женаты?
Ким :	Да, её зовут Чо Ми Сон, ей 27 лет.
Нина :	Она домохозяйка?
Ким :	Нет, она преподаёт английский язык в школе и немного говорит по-русски.
Нина :	А кто вы по профессии?
Ким :	Я юрист, окончил университет Корё. А Вы, Алексей, учились в МГУ?
Алексей :	Да, я с детства интересовался техникой. После

школы я поступил на механико-математический факультет и 8 лет назад окончил его.

Ким :   А потом?

Алексей : Работал на заводе. Потом на фирме. И вот теперь я в Корее. Мы будем работать вместе?

Ким :   Не только работать, но и отдыхать. Вы любите спорт?

Алексей : Как все мужчины, я люблю смотреть по телевизору футбол, хоккей, бокс. В Москве мы с Ниной два раза в неделю ходим в бассейн.

Нина :   А зимой катаемся на лыжах. А что любите Вы, господин Ким?

Ким :   Тоже спорт, горы, море.

Нина :   А ваша жена Чо Ми Сон?

Ким :   Жена любит рисовать. Я думаю, Ми Сон Вам сама все расскажет о себе, когда вы познакомитесь.

Слова к диалогу

табли́чка 피켓, 푯말

представи́тель (фи́рмы, заво́да, компа́нии) 사장, 대표자 (회사, 공장, 상사)

долете́ть (лете́ть) до Сеула 서울에 도착하다

- Как долете́ли? 잘 도착하셨는지요?

познако́миться с кем ~를 알게 되다.

москви́ч - москви́чка 모스크바 시민

спекта́кль 연극, 공연

влюби́ться *в кого́* ~를 사랑하게 되다, ~와 사랑에 빠지다

жени́ться *на ком* ~와 결혼하다(남자)

ску́чно 지루한, 심심한

жена́т 결혼한, 아내가 있는(남자)

домохозя́йка 주부

преподава́ть *что, где* 가르치다

око́нчить *что* 졸업하다, 끝마치다

юри́ст 법률가, 법학도

с де́тства (де́тство) 어린시절부터

интересова́ться *кем, чем* ~에 흥미를 갖다, 관심을 갖다

бассе́йн 수영장

ката́ться на лы́жах 스키를 타다

сам (-a) 자신

господи́н (госпожа́) 씨(남, 여), Mr.(Mrs.)

 ## Грамматика

나이 표현과 여격
(Дательный падеж при обозначении возраста)

Сколько	вам ей ему	лет?	Мне Ей Ему	1 год, 2, 3, 4 года, 5, ... 20, 50 лет.
	лет	Нине? Алексею? маме? папе?	Нине Алексею Маме Папе	

동사 *нравиться*

кому?		кто?
Мне	нравится	Он
Ей	нравлюсь	Я

кому?		что?
Мне	понравилась	музыка
Ей	понравились	песни

무인칭문(Безличные предложения)
н а д о (н у ж н о, м о ж н о, н е л ь з я),
и н т е р е с н о, в е с е л о, г р у с т н о, с к у ч н о

Настоящее время	Мне (*кому?*) надо прочитать эту статью.
Прошедшее время	Тебе(*кому?*) надо было прочитать эту статью.
Будущее время	Вам (*кому?*) надо будет прочитать эту статью.

'배우다', '공부하다' 의미의 동사들
у ч и т ь – в ы у ч и т ь, и з у ч а т ь – и з у ч и т ь,
у ч и т ь с я, з а н и м а т ь с я

учить - выучить	что?	а) текст, правило, слова, глаголы - *наизусть*; б) урок.
изучать - изучить	*что?*	математику, русский язык, физику, философию … - предметы , основы наук.
учиться	*где?*	в школе, в университете, на факультете.
заниматься	*где?*	дома, в библиотеке, в лаборатории.

Упражнения

1. *Дайте ответы на вопросы к диалогу.*

1) Кто прилетел в Сеул?

2) Кто-нибудь встречал их?

3) Кто их встретил?

4) Почему Нина устала?

5) Сколько времени Ивановы летели?

6) Где познакомились Алексей и Нина?

7) Они живут в Санкт-Петербурге?

8) Кто из них старше?

9) На сколько лет?

10) Когда они поженились?

11) Нина работает в университете?

12) Ей нравится её профессия?

13) Она хочет изучать корейский язык?

14) Сколько лет жене Ким Нам Су?

15) Где она работает?

16) Кто по профессии Ким Нам Су?

17) Когда Алексей окончил МГУ?

18) Алексей, Нам Су и Нина любят спорт?

19) Что нравится делать Ми Сон?

2. *Дайте правильные формы следующих имён и обозначения возраста.*

Модель : Павел – 35. Павлу 35 лет.

Отец – 44	Нина – 18	сестра –22
подруга – 33	мать – 50	брат – 19
Алексей – 30	Нина – 25	Ким Нам Су – 32
Чо Ми Сон – 27	Марина – 11	Ким Со Им – 21

3. *Напишите, кто из указанных лиц старше и моложе, а также на сколько лет.*

Модель : Анна моложе … (я) на 2 года. – Анна моложе меня на 2 года.

Я старше … (Виктор) на 1 год. – Я старше Виктора на 1 год.

1) Папе – 45 лет, а маме – 30 лет.
2) Брату – 15 лет, а сестре –21 год.
3) Наташе – 23 года, а Виктору – 24 года.
4) Мне – 32 года, а моей подруге – 28 лет.
5) Дедушке – 74 года, а бабушке – 69 лет.
6) Сыну – 11 лет, а дочери – 14 лет.

4. *Дайте положительные ответы на вопросы, используя глаголы л ю б и т ь и н р а в и т ь с я.*

а) *любить* : Нине нравится кататься на лыжах? Ми Сон нравится рисовать? Вам нравится гулять в парке? Нам Су нравится ходить в горы? Алексею нравится плавать? Марии нравится играть в бильярд?

б) *нравиться* : Вы любите чай? Ваш брат любит рис? Ваша подруга любит историю? Алексей любит математику? Нам

Су любит технику? Мама любит кимчи? Дедушка любит шахматы?

5. *Задайте друг другу вопросы. Дайте ответы на вопросы и объясните почему было скучно, весело и т.д.*

1) Вам весело сейчас?
2) Вашей подруге было интересно вчера на дискотеке?
3) Вашему брату будет интересно заниматься русским языком?
4) Студентам трудно слушать лекции?
5) Им было холодно на море?
6) Вашей сестре было скучно в Пусане?

6. *Вставьте нужный глагол в следующие предложения (учить – выучить что?, учиться где?, изучать что?, заниматься где?).*

1) Нина … слова новой роли в театре.
2) Алексей … в университете на механико-математическом факультете.
3) Он … физику, математику и другие предметы.
4) Наташа любит … в библиотеке.
5) Студенты … в фонетической лаборатории.
6) Борис уже … все новые слова.

7. *Дайте ответы на вопросы, используя слова, данные в скобках.*

1) О чём разговаривал Виктор с Ниной? (театр).

2) О ком разговаривали Ким Нам Су, Алексей и Нина?
   (жена Кима).

3) С кем разговаривал Ким Нам Су? (Алексей и Нина).

4) Кому рассказывал Ким Нам Су о жене? (Алексей и Нина).

5) О чём рассказал Виктор Наташе? (университет).

6) О ком рассказала Марина подруге? (мама и папа).

7) О чём рассказал Ким Нам Су Алексею и Нине?
   (курсы русского языка).

8. *Поставьте вопросы к следующим предложениям–ответам.*

... ? – Ему 18 лет.

... ? – Брат старше меня на 3 года.

... ? – Да, мне нравится моя профессия.

... ? – Нет, в Корее мне не будет скучно.

... ? – Моя жена работает в школе.

... ? – По профессии я юрист.

... ? – Я всегда интересовался техникой.

... ? – Да, я люблю спорт.

... ? – Да, мне нравится плавать.

... ? – Моя жена любит рисовать.

9. *Переведите на русский язык.*

- 안녕하십니까? 잘 도착하셨습니까?
- 감사합니다. 잘 도착했습니다.
- 이분은 당신의 아내입니까?
- 네, 서로 인사하시지요. 제 아내는 나타샤라고 합니다. 우리는

작년에 결혼했습니다.
- 매우 반갑습니다. 안인호라고 합니다. 나타샤, 당신은 대학생
  입니까?
- 아니요, 저는 대학을 졸업하고 1년 간 학교에서 일했습니다.
  영어를 가르쳤습니다.
- 훌륭하군요. 제 아내는 당신의 동료겠네요. 그녀도 학교에서
  일하고, 영어를 가르칩니다.
- 매우 좋네요.
- 저는 당신을 제 아내에게 소개시켜 주고 싶습니다.
- 아주 좋습니다.

Речевой этикет

Когда мы знакомимся, …

мы говорим и спрашиваем :	*мы отвечаем :*
Как вас (тебя) зовут?	Очень приятно. Меня зовут …
Разрешите с вами познакомиться?	Конечно. С удовольствием.
Можно с вами познакомиться?	(Очень) приятно с вами
Познакомьтесь, пожалуйста,	познакомиться.
это … (Нина), а это … (Алексей).	(Очень) рад(-а).
	Очень рад с вами познакомиться.
Как ваше имя (отчество)? Как	Меня зовут Нина Викторовна.
ваша фамилия?	Моя фамилия Иванова.

Задания

1. *Восстановите вопросы по ответам.*

- ...?

- А меня Алексей.

- ...?

- Конечно, с удовольствием. Очень рад с вами познакомиться.

2. *Узнайте:*

а) имя вашего нового знакомого (вы знаете только его фамилию);

б) фамилию вашего нового знакомого (вы знаете только его имя).

3. *Разыграйте следующие ситуации.*

а) На дискотеке вы встретили русскую девушку. Познакомьтесь с ней.

б) Вы хотите познакомить вашего друга Виктора со своими коллегами.

Работа с текстом

Читая текст, выделите наиболее важные, по вашему мнению, факты.

Давайте познакомимся

Русский инженер Алексей Иванов и его жена Нина вышли из самолёта в сеульском аэропорту Инчеон. Они прилетели из России в Корею, потому что Алексей будет работать на фирме "Классик".

Их встречал представитель фирмы. Он держал в руках табличку. Там было написано «Алексей Иванов». Русские увидели табличку, подошли к Ким Нам Су, поздоровались и познакомились.

Алексею Иванову 30 лет. Он москвич, 8 лет назад окончил МГУ. Сначала он работал на заводе, потом на фирме, а теперь будет работать в Сеуле.

В прошлом году он женился на Нине. Они познакомились в театре. Нина тоже москвичка, ей 25 лет. Она актриса и очень любит свою профессию. Нина не будет работать в Сеуле, но ей не будет скучно. Она хочет познакомиться с историей и культурой Кореи, её народом. И ещё Нина хочет выучить корейский язык.

Алексей, как все мужчины, любит смотреть по телевизору хоккей, футбол, бокс. В Москве он и его жена два раза в неделю ходили в бассейн. Зимой катались на лыжах.

Ким Нам Су – юрист. Он окончил юридический факультет университета Корё. Теперь он работает на фирме «Классик». У него есть жена. Ей 27 лет. Её зовут Чо Ми Сон. Она преподаёт английский язык в школе и немного говорит по-русски. А Ким Нам Су изучает русский язык на курсах.

Как и Алексей, Ким Нам Су любит спорт. И ещё он любит горы и море. Его жене Чо Ми Сон нравится рисовать.

Когда Нина и Чо Ми Сон познакомятся, они расскажут друг другу о себе.

Задания

1. *Расскажите о героях текста* : Алексее, Нине, Ким Нам Су, Чо Ми Сон,
   используя следующие сведения : сколько им лет, где они учились, где работают, что любят делать в свободное время.

2. *Расскажите о событии, которое описано в тексте.*

   а) от имени Алексея
   б) от имени Нины
   в) от имени Ким Нам Су

3. *Расскажите о себе, отвечая на вопросы.*

   Как вас зовут? Где вы живёте? Сколько вам лет? Где вы учились? Где вы учитесь? Где вы работаете? Кто вы по профессии? Кем вы будете после окончания университета? Вы женаты? или замужем? Ваша жена моложе вас? На сколько лет? Ваш муж старше вас? На сколько лет? Ваш (муж / ваша жена) работает или учится? Что вы любите делать в свободное время?

4. *Напишите рассказ о себе.*

Ты живёшь с родителями?

Алексей : Нам Су, ты живёшь вместе со своими родителями?

Ким : Нет, с родителями живут мой младший брат и моя сестра.

Алексей : Да?! А я слышал, что в Корее придают большое значение обычаям, и большие семьи являются нормой. Несколько поколений живут вместе.

Ким : Когда я был холостым, я жил с родителями. А теперь я женатый человек, и мы с женой снимаем небольшую квартиру в Сеуле.

Алексей : Значит, традиция больших корейских семей

постепенно уходит.

Ким : Да, ты прав. Сейчас всё большее число молодых корейских семей живёт отдельно от родителей. Большие семьи постепенно начинают исчезать.

Алексей : Все хотят быть самостоятельными?

Ким : Да, наверное.

Алексей : Твои родители тоже живут в Сеуле?

Ким : Нет, в Сувоне.

Алексей : Твой отец работает?

Ким : Да, он работает врачом. А мама домохозяйка.

Алексей : А где работает Ми Сон?

Ким : Она учительница английского языка, работает в школе.

Алексей : Русский язык она изучает по вечерам?

Ким : Да, по вечерам. Через год мы будем жить в Москве я буду там работать, и моя жена хочет говорить по-русски.

Алексей : Хорошее желание. Молодец Ми Сон! А твой брат уже работает?

Ким : Нет, учится.

Алексей : Где?

Ким : В университете. Он будет врачом, как отец.

Алексей : Отлично. На сколько лет он моложе тебя?

Ким : На десять.

Алексей : А сестра? Она уже вышла замуж?

Ким : Нет, что ты, она ещё школьница. Она родилась 15 лет назад, в мае.

Алексей : На кого они похожи?

Ким : Сестра похожа на отца, а брат – на маму. Вот посмотри, у меня есть фотография семьи.

Алексей : О! Какая замечательная семья! Вот ты, а это Ми Сон. Я сразу узнал вас. Какие вы все красивые! И твои родители выглядят очень молодо!

Ким : Я передам им твой комплимент и обязательно с ними познакомлю.

Алексей : С удовольствием.

Ким : Скоро в нашей семье будет большой праздник – Хвангап. Моему отцу будет 60 лет.

Алексей : О! Серьёзная дата.

Ким : Да, у корейцев это большой семейный праздник.

Алексей : Прекрасно! Мы с женой давно мечтали побывать на семейном корейском празднике.

Слова к диалогу

придавать большое значение чему 큰 의미를 부여하다, 중요시하다

обычай 관습, 관례

холостой(≠ женатый) 독신의, 미혼의

несколько поколений 몇 세대

снимать комнату(квартиру) 방(아파트)을 세 얻다

традиция 전통, 관례, 관습

меняться 변하다

отде́льно 분리하여, 따로따로

постепе́нно 점점, 점차적으로, 단계적으로

исчеза́ть 사라지다, 없어지다

самостоя́тельный 독립적인, 자립적인

жела́ние 의욕, 열망, 욕구

вы́йти за́муж 결혼하다, 시집가다(여자)

шко́льник 학생(초, 중, 고)

шко́льница 여학생(초, 중, 고)

похо́ж на кого, на что ~를 닮다, ~와 유사하다

узна́ть 알다, 알아보다

вы́глядеть мо́лодо 젊게 보이다

переда́ть комплиме́нт 칭찬(찬사)을 전해주다

познако́мить кого, с кем ~을 알다, 소개하다

мечта́ть о ком, о чём + инф ~에 대해 꿈꾸다, 바라다

Грамматика

동사 *б ы т ь*의 시제

Настоящее время	Прошедшее время	Будущее время
Он студент	Он был студентом	Он будет студентом

조격 보어

быть	- Кем был его отец? - Его отец был физиком.

становиться *стать*	- Кем станет его брат? - Его брат станет врачом.
работать	- Кем работает его отец? - Его отец работает инженером.

전치격을 이용한 시간 표현

в каком году?		в каком месяце?	
в этом в прошлом в будущем в следующем	году, месяце	в январе в феврале в марте	в июле в августе в сентябре
в 1985 году (в тысяча девятьсот восемьдесят пятом году)		в апреле в мае в июне	в октябре в ноябре в декабре

 Упражнения

1. Дайте ответы на вопросы к диалогу.

1) Что слышал раньше Алексей о корейских семейных традициях?

2) Почему традиция больших корейских семей постепенно уходит?

3) Почему Ким Нам Су и его жена живут отдельно от родителей?

4) Какую квартиру они снимают?

5) Почему брат и сестра Ким Нам Су живут вместе с родителями?

6) В каком городе живут родители?

7) Кем работает отец?

8) Чем занимается мать?

9) Что преподаёт Чо Ми Сон в школе?

10) Почему она решила изучать русский язык?

11) Кем хочет стать брат господина Кима?

12) Сколько лет его сестре?

13) Когда она родилась?

14) На кого похожи брат и сестра Ким Нам Су?

15) Как выглядят родители господина Кима?

16) Какой праздник скоро будет в семье Ким Нам Су?

2. *Поставьте данные ниже предложения в прошедшем и будущем времени.*

Модель :   Мой брат – врач.

Мой брат был врачом.

Мой брат будет врачом.

1) Моя сестра – школьница.   2) Мой друг – студент.

3) Её брат – журналист.   4) Моя подруга – артистка.

3. *Скажите, что ваш друг раньше тоже имел эту специальность.*

Модель : Я инженер. – Он тоже был инженером.

1) Она врач.   2) Ты школьник.   3) Она преподаватель.
4) Они журналисты. 5) Вы хороший юрист.

4. *Ответьте на вопросы, употребляя слова, данные в скобках.*

Модель : - Кем работает отец Ким Нам Су?

   - Он работает врачом.

1) Кем работает ваш брат? (инженер)

2) Кем работает друг? (переводчик)

3) Кем работает Нина? (артистка)

4) Кем работает Виктор? (преподаватель)

5) Кем будет работать брат Ким Нам Су? (врач)

5. *Ответьте на вопросы.*

а

1) Когда (в каком месяце) в Москве холодно? (декабрь, январь, февраль)

2) Когда в Москве жарко? (июнь, июль)

3) Когда в Москве идут дожди? (октябрь)

4) Когда родилась сестра Ким Нам Су? (май)

5) Когда родился Алексей? (август)

б

1) Когда (в каком году) родилась сестра Ким Нам Су?

2) Когда родилась Нина?

3) Когда родился Алексей?

4) Когда родилась мать Ким Нам Су?

6. *Замените выделенные слова, используя модели**

А

Модель : **Я и брат** встретились около метро

Мы с братом встретились около метро.

1) Недавно *я и Нина* приехали в Сеул.

2) Вчера *я и Андрей* играли в теннис.

3) В воскресенье *я и друг* ездили за город.

4) Скоро *я и жена* поедем в Москву.

Б

Модель : **Мать и отец** поехали отдыхать.

Мать с отцом поехали отдыхать.

1) **Брат и сестра** всегда отдыхают вместе.

2) В комнату вошли **студент и студентка**.

3) **Муж и жена** сняли маленькую квартиру в центре Сеула.

4) В прошлом году ко мне приезжали **тётя и дядя**.

7. *Поставьте вопросы к следующим предложениям—ответам.*

...? – Ким Нам Су живёт отдельно от родителей.

...? – Родители Ким Нам Су живут в Сувоне.

---

* Конструкция *мы с братом* соответствует - ⋯, а конструкция *мать с отцом* - ⋯ . Сказуемое в этих конструкциях употребляется во множественном числе.

...? – Отец работает врачом.

...? – Нет, снимают небольшую квартиру в Сеуле.

...? – Брат моложе меня на 10 лет.

...? – Нет, она ещё школьница.

...? – Мой брат будет врачом, как отец.

...? – Сестра похожа на отца, а брат – на маму.

8. *Переведите на русский язык.*

А

- 당신은 부모님과 함께 살고 있습니까?
- 아니요, 제 동생과 누이가 부모님과 함께 삽니다.
- 우리는 작은 아파트를 세내어 살고 있습니다.
- 한국의 대가족 전통이 점차 변화되어 간다는 뜻이군요.
- 네, 대가족 제도는 점점 사라져가고 있습니다. 젊은 세대는 대개 분가하여 삽니다.

Б

- 나에게 너의 가족사진을 보여주렴.
- 자, 여기 아버지가 있고, 어머니, 형, 여동생입니다.
- 아, 얼마나 훌륭한 가족인가! 나는 단번에 너의 아내를 알아보았다.
- 이것은 1년 전 사진이다.
- 훌륭해! 너의 부모님은 아주 젊어 보이신다.
- 그분들께 너의 찬사를 전할게.

Речевой этикет

Когда мы приветствуем друг друга	Когда мы отвечаем на приветствие
Здравствуйте! Доброе утро! Добрый день! Добрый вечер! Привет! (дружеское) Рад(а) тебя(вас) видеть.	
Как вы поживаете? Как жизнь? Как дела, успехи? Что нового?	Хорошо. Спасибо, хорошо. Неплохо. Ничего, так себе. (Всё) нормально. (Всё) прекрасно. Ни хорошо, ни плохо. Всё по-старому. Неважно. Ничего нового. Ничего особенного.

Задания

1. *На какие реплики можно ответить.*

...? – Спасибо, ничего.

...? – Ничего нового.

...? – Привет.

...? – Ничего особенного.

...? – Всё по-старому.

2. Как вы ответите на приветствие и на последующие реплики?

- Добрый вечер!
- ... .
- Ну, как дела?
- ... .
- Что нового?
- ... .
- Это хорошо. Я рад.
- ... .

Работа с текстом

Читая текст, выделите наиболее важные, по вашему мнению, факты.

Семья

Раньше в Корее были большие семьи. Вместе жило несколько поколений. Теперь эта традиция постепенно уходит. Всё большее число молодых корейских семей живёт отдельно от родителей.

Когда Ким Нам Су был холостым, он жил вместе с родителями в Сувоне. В прошлом году он женился, и теперь они с женой снимают маленькую квартиру в Сеуле.

Его родители живут в Сувоне. Отец работает врачом, а мать – домохозяйка. Младший брат и младшая сестра Ким Нам Су живут вместе с ними. Его брат ещё холостой. Он студент. Он учится в университете и хочет стать врачом, как его отец. Он моложе Ким Нам Су на 10 лет. Сестра Ким Нам Су ещё не выходила замуж. Она школьница. Она родилась 15 лет назад, в мае. Младший брат Ким Нам Су похож на маму, а сестра на отца.

Жена Ким Нам Су работает в школе. Она учительница. Она преподаёт английский язык. По вечерам она изучает русский язык. Через год Ким Нам Су с женой поедут в Москву. Он будет там работать. Они будут там жить, поэтому Чо Ми Сон хочет говорить по-русски.

Ким Нам Су показал Алексею фотографию своей семьи. Алексей сразу узнал своего корейского друга и его жену. Родители Ким Нам Су выглядят очень молодо. Ким Нам Су хочет познакомить Алексея и Нину с семьёй (с родителями). Скоро в семье Ким Нам Су будет большой праздник – Хвангап. Его отцу будет 60 лет.

Задания

1. *Расскажите о традициях больших корейских семей от имени Алексея.*

2. *Расскажите о родителях Ким Нам Су от лица Нины.*

3. *Расскажите о брате и сестре Ким Нам Су от лица Чо Ми Сон.*

4. *Расскажите о себе, отвечая на вопросы.*

В каком году вы родились? В каком месяце? Когда вы окончили школу? Кем вы станете, когда окончите университет? Вы женаты/замужем? Вы живёте вместе с родителями? Кем работает ваш отец? На сколько лет папа старше мамы? Сколько у вас братьев и сестёр? Они женаты/замужем? Что делает ваш младший (старший) брат, ваша младшая (старшая) сестра?

5. *Напишите рассказ о вашей семье*

Мой рабочий день

Я работаю на фирме
и учусь на курсах русского языка

Алексей : И как ты только успеваешь: и работать, и учиться, и спортом заниматься!

Ким : Да, ты прав. День у меня напряжённый. Работать приходится много. Но спорт мне только помогает и работать, и заниматься русским языком.

Алексей : Когда начинается твой рабочий день? Ты, наверное, рано встаёшь?

Ким : Сегодня встал в шесть, а обычно встаю в половине седьмого. Я принимаю душ, одеваюсь.

Алексей : А что в это время делает твоя жена?

Ким : Готовит завтрак.

Алексей : Она работает каждый день?

Ким :	Нет-нет, только два раза в неделю. Потом мы вместе завтракаем. После завтрака я еду на работу.
Алексей :	Ты ездишь на метро?
Ким :	Иногда на метро, иногда на своей машине, чаще всего – на автобусе фирмы.
Алексей :	Сколько времени ты едешь? Долго?
Ким :	Нет, через полчаса я уже на фирме.
Алексей :	Когда у вас обеденный перерыв, в час?
Ким :	С двенадцати до часу.
Алексей :	Это хорошо.
Ким :	Да, конечно. Во время обеденного перерыва я успеваю и пообедать, и отдохнуть.
Алексей :	Когда вы кончаете работать?
Ким :	Обычно в 5 часов. Но если много работы, мне приходится работать и по вечерам, и по субботам.
Алексей :	Домой ты возвращаешься поздно?
Ким :	Когда как. Часов в восемь я обычно дома. Но вчера я кончил работать в девять и вернулся домой в десять.
Алексей :	Ужин, конечно, готовит Ми Сон?
Ким :	Обычно она. Но в прошлую субботу я приготовил прекрасный ужин.
Алексей :	Ей понравился?
Ким :	Очень.
Алексей :	По каким дням ты занимаешься на курсах?
Ким :	По вторникам и четвергам.
Алексей :	Кто занимается на этих курсах русского языка?
Ким :	Мои коллеги по работе.

Алексей : Занятия проходят на фирме?

Ким :   Да, у нас есть свой языковой центр.

Алексей : Ты успеваешь делать домашнее задание? Ведь у
         тебя так много работы на фирме!

Ким :   Стараюсь.

Алексей : А кто ваш преподаватель?

Ким :   У нас опытный преподаватель из Москвы.

Алесей : Тебе нравится заниматься?

Ким :   Да, на занятиях очень весело и интересно.

Слова к диалогу

успева́ть + *инф.* ~할 시간이 있다, 시간 안에 일을 마치다

напряжённый день 업무가 많은 날, 힘든 날

встава́ть –встать 일어나다

принима́ть душ 샤워를 하다

одева́ться 옷을 입다

обе́денный переры́в 점심시간

мне прихо́дится рабо́тать по суббо́там 나는 토요일마다
일을 해야 한다

прихо́дится рабо́тать мно́го 일을 많이 해야 한다

возвраща́ться –(верну́ться) куда 돌아오다

колле́ги по рабо́те 직장 동료

заня́тия прохо́дят на фи́рме 회사에서 수업이 있다

стара́ться + *инф.* ~하려고 노력하다, 애쓰다

о́пытный преподава́тель 경험이 풍부한 선생

Грамматика

동사의 완료상과 불완료상

(Употребление совершенного и несовершенного видов глаголов)

	Несовершенный вид (НСВ)	*Совершенный вид (СВ)*
1	*Глагол называет факт действия, которое происходило(происходит или будет происходить)* - Что ты делал вчера? - Я читал книгу.	*Глагол обозначает результат действия* Вчера я прочитал эту книгу.
2	*Глагол обозначает длительное действие (как процесс)* Весь месяц он изучал русский язык.	Он изучил все падежи.
3	*Глагол обозначает повторяющееся действие* Обычно он встаёт в 6 часов.	*Глагол обозначает действие, которое произошло один раз* Сегодня он встал в 7 часов..

시간 표현 (**Выражение времени**)

Когда? В котором часу? В какой день? (*винительный падеж*)	Когда? С какого времени? До какого времени? (*родительный падеж*)	Через сколько времени? (*винительный падеж*)	Сколько времени? (*винительный* *падеж*)	Как часто? (*винительный* *падеж*)
в час в 2, 3, 4 часа в 5, 6, 7 часов в понедельник во вторник в четверг в воскресенье в среду в пятницу в субботу	с пяти до семи с утра до вечера *после чего?* после урока после обеда	через тридцать минут через минуту через месяц, год через день	час 2, 3, 4 часа день, год, месяц неделю целый вечер целое утро весь день всё утро	каждый день (понедельник) каждую неделю (пятницу, зиму) каждое утро (лето, воскресенье) один раз в неделю (месяц, год) часто, всегда *дательный падеж* (мн.ч.) по понедельникам по вечерам

Упражнения

1. Дайте ответы на вопросы к диалогу.

1) Почему Ким Нам Су занимается спортом?

2) Когда он встаёт?

3) Что он делает до завтрака?

4) Что делает Ми Сон, когда Нам Су принимает душ и одевается?

5) На чём (как?) ездит Нам Су на работу?

6) Сколько времени он едет на работу?

7) Когда начинается обеденный перерыв на фирме?

8) Что успевает сделать Ким Нам Су во время обеденного перерыва?

9) Сколько часов в день он работает?

10) Почему ему приходится работать и по вечерам, и по субботам?

11) Когда обычно Ким Нам Су возвращается с работы домой?

12) Когда он ложится спать?

13) Когда он вернулся вчера?

14) Кто обычно готовит ужин?

15) Сколько раз в неделю работает Чо Ми Сон?

2. Читайте предложения, обратите внимание на то, что глаголы несовершенного вида передают факт совершения действия, а глаголы совершенного вида – результат действия.

- Алексей, что ты делал в субботу вечером?

- Писал статью.

- Написал?

- Да, написал. Вот она.

- Ми Сон, что ты делала вчера вечером?

- Читала новый журнал.

- Прочитала?

- Да, прочитала. Очень интересный.

- Нам Су, что ты делал в пятницу?

- Учил новый текст.

- Выучил?

- Да, выучил. Теперь я знаю его очень хорошо.

3. *Задайте вопрос с целью выяснить, каков результат действия.*

Модель : - Мальчик долго решал задачи.

  - Сколько задач он решил?

1) Нина долго писала письма.

2) Студент долго учил новые слова.

3) Преподаватель долго проверял тетради.

4) Вчера Нам Су долго делал упражнения.

5) В пятницу Ми Сон долго переводила статьи.

4. *Ответьте на вопросы. Употребите глаголы нужного вида.*

Когда вы сегодня проснулись? А обычно? (просыпаться – проснуться).

Когда вы позавтракали? А обычно? (завтракать – позавтракать).

Когда вы вышли из дома? А всегда? (выходить – выйти).

Когда вы кончили работать сегодня? А обычно? (кончать – кончить).

Когда вы вернулись домой? А обычно? (возвращаться – вернуться).

5. Закончите предложения.

а) *Оба глагола должны выражать одновременность действия.*

Модель : - Мы обедали и …
           - Мы обедали и разговаривали.

1) Мы смотрели телевизор и … .

2) Мы пили кофе и … .

3) Мы слушали музыку и … .

4) Мы разговаривали и … .

5) Преподаватель объяснял грамматику и … .

б) *Глаголы должны выражать последовательность действия.*

Модель : - Мы пообедали и … .
           - Мы пообедали и пошли в кино.*

* пойти ‑ он пошёл, она пошла, они пошли
поехать ‑ он поехал, она поехала, они поехали.

1) Она кончила работать и … .

2) Я прочитал статью и … .

3) Мы посмотрели телевизор и … .

4) Она приготовила обед и … .

6. *Закончите предложения, используя время, указанное в скобках.*

Модель : - Нам Су работает … (9 – 7).

            - Нам Су работает с девяти часов утра до семи часов вечера.

1) Обеденный перерыв продолжается … (1 – 2).

2) Ми Сон работает … (10 – 3).

3) Столовая не работает … (10 – 12).

4) Он занимается спортом … (8 – 9).

5) По субботам я отдыхаю … (2 – 3).

7. *Вместо точек поставьте предлог ч е р е з или п о с л е.*

1) … работы Нам Су занимается на курсах русского языка.

2) … завтрака он едет на работу.

3) Нам Су едет на работу недолго, … полчаса он уже на фирме.

4) … ужина Алексей смотрит телевизор.

5) … месяц будет большой праздник.

8. *Поставьте вопросы к следующим предложениям – ответам.*

…? – Обычно Нам Су встаёт в семь часов.

…? – Сегодня он встал в восемь.

…? – После завтрака Алексей едет на работу.

…? – Обычно он едет на работу на автобусе.

…? – Обеденный перерыв начинается в час.

…? – Вечером, после ужина, мы смотрим телевизор.

…? – Ким Нам Су занимается на курсах русского языка по вторникам и четвергам.

9. *Переведите на русский язык.*

- 당신은 언제 일어나십니까?
- 보통은 여섯시 반에 일어나지만, 오늘은 9시에 일어났습니다.
- 하루에 몇 시간 일하십니까?
- 8시간이요. 9시부터 1시까지요.
- 그리고 나서는요?
- 그 다음에는 2시부터 6시까지 일합니다.
- 1시부터 2시까지는 무엇을 하십니까?
- 1시부터 2시까지 우리는 점심 식사를 합니다. 이때가 점심시간 입니다.
- 그러면 언제 쉽니까?
- 매주 토요일, 일요일에요

Речевой этикет

Когда мы обращаемся

а) *к знакомым*

Нина! Алексей!	ваши друзья или знакомые, ровесники
Господин Иванов	знакомый человек, с которым у вас официальные отношения
Зоя Ивановна	ваша преподавательница

б) *к незнакомым*

Девушка! Молодой человек! Гражданин!	например, в транспорте
Доктор!	в поликлинике

Задания

Скажите, как вы обратитесь :

а) *к незнакомой женщине в автобусе; к продавцу в магазине ; к милиционеру ; к мужчине на улице ; к директору, к преподавателю ;*

б) *к вашему другу ; к однокурснику ; к коллеге по работе ; к партнёру по теннису.*

Читая текст, выделите наиболее важные, по вашему мнению, факты.

Мой рабочий день

Ким Нам Су работает на фирме «Классик». Его рабочий день напряжённый, работать приходится много. Но спорт помогает ему и работать, и заниматься русским языком.

Его рабочий день начинается в 8 часов. Он встаёт в половине седьмого, принимает душ, одевается. В это время его жена готовит завтрак. Чо Ми Сон работает только два раза в неделю. После завтрака Ким Нам Су выходит из дома и едет на работу. Иногда он едет на работу на своей машине, а иногда на метро, чаще – на автобусе фирмы. Через полчаса он уже на фирме. Обеденный перерыв начинается в двенадцать часов и кончается в час. Во время обеденного перерыва он успевает пообедать и отдохнуть. Обычно Ким Нам Су кончает работать в 5 часов. Если на фирме много работы, ему приходится работать и по вечерам. Домой он возвращается в шесть часов, иногда - позже. Вчера, например, он кончил работать в 8 часов и вернулся домой в девять. В половине девятого они с женой обычно ужинают. По вторникам и четвергам Ким Нам Су приходит домой позже. В эти дни после работы он вместе со своими коллегами по работе изучает русский язык на курсах русского языка.

Занятия проводятся в языковом центре. У него мало времени, но он старается всегда делать домашнее задание. Ему очень нравится заниматься, потому что на занятиях очень весело и интересно. Их преподаватель русского языка – очень опытный. Он приехал из Москвы.

Задания

1. *Расскажите о рабочем дне Ким Нам Су, используя следующие сведения: почему его рабочий день напряжённый, как он ездит на работу, когда он занимается на курсах.*

2. *Расскажите о событиях, которые описаны в тексте а) от имени Чо Ми Сон; б) от имени Ким Нам Су.*

3. *Расскажите о себе, отвечая на вопросы.*

Когда вы обычно встаёте? По субботам и воскресеньям вы тоже встаёте рано? Когда вы обычно завтракаете? В университет (на работу) вы ходите пешком или ездите на автобусе (на метро, на машине)? Когда у вас начинаются (кончаются) занятия? Где вы обычно обедаете? Когда вы возвращаетесь домой? Вы успеваете заниматься спортом? Что вы делаете вечером после занятий?

4. *Напишите рассказ о вашем рабочем дне.*

Пойдём погуляем.

Ким : Алексей, что вы будете делать с Ниной в воскресенье?

Алексей : Ещё не решили. А почему ты спрашиваешь?

Ким : Вы хотите поехать (пойти) с нами в горы?

Алексей : Что за вопрос? С удовольствием. Мы давно хотели узнать, как проводят свободное время корейцы.

Ким : Наша страна небольшая, но очень красивая. 70% её территории - это горы. Мы любим ходить в горы пешком.

Алексей : Корейцы ходят в горы с семьями?

Ким : С семьёй, с друзьями. В горы ходит много школьников. Мы любим горы, потому что там очень красиво и свежий воздух. И ходить пешком полезно для здоровья. Когда мы гуляем в горах, мы шутим, разговариваем, играем.

Алексей : Мы туда поедем на поезде или на машине?

Ким : Сначала мы поедем на автобусе от метро Кёнбоккун. Встретимся у выхода из метро.

Алексей : И долго будем ехать?

Ким : Нет, недолго, минут 20. А потом пойдём на гору Пукхансан.

Алексей : Мы не устанем?

Ким : Нет, мы будем идти часа 2.

Алексей : А потом пойдём обратно?

Ким : Сначала мы осмотрим буддийский храм. Думаю, вам будет интересно. Наверху мы отдохнём, поедим и сфотографируемся.

Алексей : Отлично! Нина будет очень рада. Нам нужно взять с собой что-нибудь из еды или там есть кафе?

Ким : Там очень много маленьких ресторанов. И вверху, и внизу, и по дороге. Иностранные туристы всегда там отдыхают и едят. Может быть, и мы там поедим?

Алексей : Прекрасно. Какую одежду нам взять?

Ким : Скажи Нине, пусть возьмёт с собой удобную обувь и лёгкую тёплую одежду. Возьмите ещё фотоаппарат.

Алексей : Спасибо, что сказал. Я не забуду. А где мы встретимся?

Ким : На автобусной остановке Кугидон. Пройдём немного вперёд, потом направо, потом наверх. В билетной кассе купим билет. Он стоит 1200 вон.

Алексей : В котором часу?

Ким : В 9 часов утра. Не опаздывайте!

Алексей : Хорошо. Мы поздно приедем обратно?

Ким : Нет, часа в 4.

Алексей : Хорошо. Вечер будет свободен.

Ким : Ну, договорились? Не забудь: в воскресенье в 9 утра. Передавай привет Нине.

Алексей : Спасибо! Пока.

Слова к диалогу

проводи́ть вре́мя где 시간을 보내다

террито́рия 영토, 국토

све́жий во́здух 신선한 공기

поле́зно 유용한, 유익한

здоро́вье 건강

пое́хать – (*пое́ду – пое́дешь – пое́дут*) *куда, на чём* (교통수단을 이용하여) 가다

встре́титься где, с кем ~와 만나다

пойти́ – (*пойду́ – пойдёшь – пойду́т*) *куда* (걸어서) 가다

уста́ть 피곤하다. 지치다

верну́ться *куда* 돌아오다

осмотре́ть *что* 둘러보다, 구경하다, 관람하다

отдыха́ть – отдохну́ть *где* 쉬다, 휴식하다

вверху́ 위쪽에, 높은 곳에

внизу́ 아래쪽에, 낮은 곳에

пое́сть – (пое́м – пое́шь – поеди́м) *что, где* 먹다

сфотографи́роваться *где* 사진을 찍(히)다

взять *что* 잡다, 쥐다, 가져오다, 빌리다

забы́ть *о чём, о ком, что* 잊다, 잊어버리다

опа́здывать *куда* 늦다, 지각하다

ве́чер свобо́ден 저녁에 한가하다

договори́ться *с кем, о чём* ~와 약속하다

передава́ть – переда́ть приве́т 안부를 전하다

 # Грамматика

동사의 상과 시제

Вид глагола	Прошедшее время	Настоящее время	Будущее время
Несовершенн-ый вид	Я читал журнал.	Я читаю журнал.	Я буду читать журнал.
Совершенный вид	Я прочитал журнал.	-	Я прочитаю журнал.

동사의 상과 미래시제

Будущее сложное время глагола (несовершенный вид)	Вопросы к глаголу	Будущее простое время глаголов (совершенный вид)	Вопросы к глаголу
Я буду читать.	Что я буду делать?	Я прочитаю.	Что я сделаю?
Ты будешь читать.	Что ты будешь делать?	Ты прочитаешь.	Что ты сделаешь?
Он (она) будет читать.	Что он (она) будет делать?	Он (она) прочитает.	Что он (она) сделает?
Мы будем читать.	Что мы будем делать?	Мы прочитаем.	Что мы сделаем?
Вы будете читать.	Что вы будете делать?	Вы прочитаете.	Что вы сделаете?
Они будут читать.	Что они будут делать?	Они прочитают.	Что они сделают?

Упражнения

1. Дайте ответы на вопросы к диалогу.

1) Где корейцы любят проводить свободное время?

2) Почему они часто ходят в горы с семьями и с друзьями?

3) Куда Нам Су пригласил Алексея и Нину в следующее воскресенье?

4) Нина и Алексей раньше ходили в горы?

5) Где встретились Ким Нам Су и Чо Ми Сон в воскресенье утром со своими русскими друзьями?

6) Как называется гора, на которую они ходили в воскресенье?

7) Сколько времени они ходили?

8) Они устали?

9) Расскажите, как надо ехать туда.

10) Что посоветовал Ким Нам Су взять с собой из одежды? Почему?

11) Как они провели время в горах?

12) Когда они вернулись домой?

2. *Ответьте на вопросы. Используйте слова :*

завтра, завтра вечером, в воскресенье, через два дня, после ужина.

Модель : - Ты прочитал статью?

- Нет, ещё не прочитал, я прочитаю её завтра.

1) Ты уже сделал домашнее задание?

2) Ты уже написал письмо родителям?

3) Ты уже купил книгу?

4) Ты уже выучил новый диалог?

5) Ты уже позвонил сестре?

3. *Ответьте на вопросы.*

Модель : - Она пошла в магазин?

- Нет, она скоро пойдёт.

1) Нам Су поехал в Сувон?

2) Нина получила письмо?

3) Ваш друг перевёл статью?

4) Ми Сон приготовила ужин?

5) Алексей вернулся домой?

6) Они уже пошли в горы?

4. *Скажите, что студент сделает то же самое з а в т р а.*

Модель : - Виктор пришёл из университета в 3 часа, немного отдохнул, а потом сделал домашнее задание.

- Завтра Виктор придёт из университета в 3 часа, немного отдохнёт, а потом сделает домашнее задание.

1) Вчера Нам Су сначала повторил глаголы, а потом написал упражнения.

2) Вчера Ми Сон написала упражнения, а потом выучила слова и прочитала новый текст.

3) Вчера Виктор и Анна сделали домашнее задание, а потом посмотрели телевизор.

4) Вчера мой сосед пообедал, отдохнул, а потом начал заниматься.

5) Вчера моя подруга поужинала, посмотрела телевизор и в 11 часов легла спать.

5. а) *Прочитайте текст, расскажите его.*

б) *Скажите, что вы сделаете з а в т р а то же самое.*

в) *Скажите, что вы делаете п о п я т н и ц а м*

то же самое.

1) Вчера я встал в семь часов, выпил кофе и пошёл на работу.
2) В 9 часов я начал работать.
3) В 2 часа я пообедал.
4) В 5 часов я кончил работать и вернулся домой.
5) Я пригласил друга в кино.
6) Мы встретились в 7 часов и пошли в кино.
7) Домой я вернулся в 9 часов, послушал радио и лёг спать.

6. *Поставьте вопросы к следующим предложениям – ответам.*

...? – В свободное время корейцы любят ходить в горы.
...? – Мы встретились на автобусной остановке Кугидон.
...? – Автобус идёт от станции метро Кёнбоккун.
...? – В горах мы гуляли, смеялись, играли.
...? – От станции метро Кёнбоккун автобус идёт минут 20.
...? – В горах мы осмотрели старинный буддийский храм.
...? – Мы вернулись домой в 5 часов.

7. *Переведите на русский язык.*

- 일요일에 무엇을 하실 겁니까?
- 아직 못 정했습니다. 아마 집에 있을 겁니다.
- 우리들과 산에 가시렵니까? 거기는 매우 아름답고, 공기가 신선
  합니다.
- 기꺼이 그러죠. 그런데 멉니까?

- 아니요, 낙성대 역에서 버스로 약 10분입니다.
- 언제, 어디서 만날까요?
- 오전 9시에 낙성대 역 근처에서요.
- 좋습니다. 다 합의했습니다.

Речевой этикет

Когда мы прощаемся, выражаем пожелания

До свидания!	Спокойной ночи!
Всего хорошо!	Счастливого пути!
Всего доброго!	Прощайте!
До завтра (до вечера).	Пока! (при близком
До (скорой) встречи!	знакомстве)

Задания

1. *Прочитайте диалоги. Обратите внимание, что прощаясь русские могут называть друг друга по имени, по имени и отчеству или пó фамилии.*

а)
- До свидания, Алексей!
- Всего хорошего, Наташа!

б)
- Всего доброго, Зоя Ивановна!
- Всего хорошего, Николай Иванович!

в)

- Спокойной ночи, Нина!

- Спокойной ночи.

2. *Попрощайтесь:*

    а) с вашей подругой

    б) с директором фирмы

    в) с вашей преподавательницей

Работа с текстом

Читая текст, выделите наиболее важные, по вашему мнению, факты.

Прогулка

Корея небольшая, но очень красивая страна. 70% её территории – это горы. Корейцы много работают и любят в свободное время ходить в горы пешком. Там красивая природа и свежий воздух. А ходить пешком полезно для здоровья.

Однажды Ким Нам Су и Чо Ми Сон пригласили своих русских друзей пойти в горы. Алексей и Нина с удовольствием согласились. Они уже давно хотели узнать, как проводят свободное время корейцы.

Ивановы встретились с Ким Нам Су и Чо Ми Сон на автобусной остановке в 9 часов утра. Купили билеты, сели в автобус и поехали. Они ехали 20 минут. Потом на остановке вышли из автобуса и пошли в горы. Там было очень красиво. Они шли, наверное, 2 часа. Наверху находился красивый буддийский храм. Друзья осмотрели его и сфотографировались. Потом они зашли в маленький ресторан отдохнуть и поесть. Вокруг было много людей. Корейские семьи сидели на лёгких циновках, весело разговаривали и ели. Туристы сфотографировали храм.

Потом друзья спустились вниз, на остановке сели в автобус и в 4 часа были уже дома.

Задания

1. Расскажите о путешествии на гору Пукхансан от лица Нины.

2. Расскажите о себе, ответив на вопросы.

Где вы обычно проводите воскресенье? Вы любите ходить пешком (ездить на машине, автобусе)? Вы любите ходить пешком (ездить на машине) с друзьями или с семьёй? Что вы делаете во время прогулки? Что вы обычно берёте с собой из еды и одежды? Когда вы возвращаетесь домой?

3. Напишите, как вы провели последнее воскресенье.

Сколько стоит?

Ми Сон : Нина! Что тебе нравится в этом магазине?

Нина : О! Тут так много интересного! Я вообще люблю смотреть витрины магазинов.

Ми Сон : Что ты хочешь купить?

Нина : Мне хочется купить эти кошельки с национальным корейским рисунком, эту чёрную деревянную вазу с рисунком, циновки. Ещё я хочу купить корейский шёлк.

Ми Сон : Хорошо! Продавец, покажите, пожалуйста, кошельки.

Продавец : Большие или маленькие?

Ми Сон : И те, и другие. Нина! Выбирай, какие тебе нравятся.

Нина : Сколько они стоят?

Ми Сон : Большие – 15,000 вон, а маленькие – 10,000 вон. Это нормальная цена.

Нина : Можно взять 3 больших и пять маленьких кошельков.

Ми Сон : Не надо покупать сразу так много. Я забыла тебе сказать, что в других магазинах тоже большой выбор кошельков.

Нина : Ладно. Я успею ещё купить. Дайте мне 2 больших и 2 маленьких.

Ми Сон : Правильно. Посмотрим в других магазинах. Может быть, там лучше или с другим рисунком.

Нина : Я хочу посмотреть ту красивую вазу из чёрного дерева. Сколько она стоит?

Ми Сон : 30,000 вон. – Продавец, покажите нам чёрную вазу с рисунком за 30 тысяч.

Продавец : Пожалуйста.

Нина : Очень красивая ваза. Я её, может быть, куплю, но не сегодня. Посмотрим ещё в других магазинах. Можно мне посмотреть те недорогие циновки?

Ми Сон : Покажите, пожалуйста, нам небольшие циновки.

Продавец : У нас много циновок. Какие вам, с рисунком или без?

Ми Сон : С рисунком. Нина, с каким рисунком ты

хочешь?

Нина :   С цветами – хризантемами и птицами.

Ми Сон :   Ты любишь хризантемы?

Нина :   Да, очень.

Ми Сон :   Покажите, пожалуйста, циновки с хризантемами
            и птицами. Сколько они стоят?

Продавец : Эта – 30,000 вон, а эта – 40,000 вон.

Нина :   Какая прелесть! Какая работа! Я куплю и ту, и
            другую. В Москве я повешу их в своей комнате.
            И буду всегда вспоминать Корею и своих друзей.
            Сколько стоят кошельки и циновки вместе?

Продавец : Кошельки стоят 45,000 вон, а циновки 70,000
            вон.

Нина :   Вот, возьмите, Ми Сон. Вы ещё говорили, что в
            Корее очень хороший шёлк. В каких магазинах
            его продают?

Ми Сон :   Мы сейчас находимся в торговом районе Итхэвон.
            Тут очень много небольших магазинов.
            Большинство иностранцев покупают сувениры
            здесь. А знаменитый корейский шёлк продают
            на рынке Тондемун – Восточные ворота.

Нина :   Давай, поедем туда сейчас!

Ми Сон :   Лучше сегодня походим по магазинам тут. А в
            следующий раз поедем за шёлком.

Нина :   Я согласна. Так и сделаем.

Слова к диалогу

вообще 대체로, 일반적으로, 대개, (부정사와 함께) 전혀 ···아니다

витри́на 진열장

кошелёк (мн.ч. *кошельки́*) 돈지갑

рису́нок 그림

деревя́нный 나무의, 나무로 만든, 목재의

цино́вка 돗자리, 방석

шёлк 견, 비단

выбира́ть что 고르다, 선택하다

норма́льная цена 적당한 가격, 적당가

лу́чше ···하는 게 낫다, ···이 좋다

ва́за из чёрного де́рева 흑단으로 만든 꽃병

мо́жет быть 아마도, 어쩌면

пти́ца 새, 조류

Кака́я пре́лесть! 얼마나 매력적인가! 참으로 훌륭하다

тот ; та ; то ; те 그것, 그

пове́сить что, куда 걸다, 매달다, 늘어뜨리다

торго́вый райо́н 상업 지역

большинство́ 대다수, 대부분

иностра́нец 외국인

знамени́тый 저명한, 유명한

в сле́дующий раз 다음번에

выбира́ть - вы́брать что 선택하다, 고르다

Грамматика

동사의 상과 부정사 표현

а)

начинать – начать	
кончать – кончить	**+ _инфинитив_** глагола НСВ
продолжать – продолжить	

б)

забыть	**+ _инфинитив_** глагола СВ
успеть	

в)

надо		
нужно		глаголов СВ
необходимо	**+ _инфинитив_**	
можно		глаголов НСВ
нельзя		
должен		

но:

не надо	
не нужно	**+ _инфинитив_** глаголов НСВ
не должен	
не стоит	

Упражнения

1. *Дайте ответы на вопросы к диалогу.*

1) В каком районе Сеула большинство иностранцев делает покупки?

2) Где находится этот район?

3) Что хотела купить Нина на Итхевоне?

4) Какие сувениры она купила там?

5) Сколько кошельков она купила?

6) Какие циновки ей понравились?

7) Как вы думаете, кому она купила циновки?

8) Почему Нина не купила вазу из чёрного дерева?

9) Сколько она заплатила за все сувениры?

10) Сколько стоят кошельки?

11) Где Ми Сон посоветовала Нине купить знаменитый корейский шёлк?

12) Когда Нина и Ми Сон поедут на рынок Тондемун?

13) Нина могла разговаривать в магазинах с продавцами?

2. *Ответьте на вопросы, употребляя глагол начинать – н а ч а т ь в следующих словосочетаниях : т о л ь к о ч т о н а ч а л, д а ж е н е н а ч и н а л.*

Модель : - Ты уже выучил новые слова?

         - Что ты! Я только что начал учить их.

         - Что ты! Я даже не начинал.

1) Ты уже написала все упражнения?

2) Ким Нам Су уже перевёл статью?

3) Они уже сделали домашнее задание?

4) Ты уже позавтракал?

5) Нина уже прочитала новый роман?

3. *Ответьте на вопрос утвердительно или отрицательно,*
употребляя глагол к о н ч а т ь – к о н ч и т ь.

Модель : - Вы уже прочитали эту книгу?

- Да, я кончил её читать.

- Нет, но я кончаю (скоро кончу) её читать.

1) Вы уже выучили новые слова из этого текста?

2) Нина, ты уже написала письмо родителям?

3) Вы уже поговорили по телефону?

4) Она уже приготовила завтрак?

4. *Попросите извинения и скажите, что забыли*
сделать то, что нужно.

Модель : - Где мой словарь?

- Извини, я забыл взять его.

1) Вчера вечером я ждала вашего звонка.

2) В вашей тетради нет упражнения №2.

3) Почему у вас нет учебника?

4) Почему вы пишете карандашом?

5. *В ответе на вопрос употребите : п о з д н о
н а ч а л (а), п о э т о м у н е у с п е л (а).*

Модель : - Почему ты не написал вчера это письмо?

  - Я поздно начал писать его, поэтому не успел
написать.

1) Почему Виктор не сделал домашнее задание?
2) Почему он хочет есть?
3) Почему эта студентка не выучила текст?
4) Почему преподаватель не объяснил слова?
5) Почему вы не убрали свою комнату?

6. *Прочитайте предложения и объясните употребление
видов в инфинитиве.*

1) Каждый день вам надо много читать и писать по-русски.
Завтра вам надо будет обязательно прочитать текст.
2) Надо ложиться спать в 11 часов. Завтра необходимо лечь
в 10 часов.
3) К урокам вам необходимо готовиться регулярно. Вам
необходимо подготовиться к контрольной работе.

7. *Ответьте на вопросы. Используйте инфинитивные
конструкции со словами н е н а д о.*

Модель : - Нам надо взять этот учебник в библиотеке?

  -Нет, вам не надо брать этот учебник.

1) Нам надо ответить на вопросы к диалогу?

2) Мы должны написать упражнение №3?

3) Я должен выучить этот текст?

4) Нам надо выучить наизусть этот диалог?

8. *Поставьте вопросы к следующим предложениям – ответам.*

...? – Большинство туристов делают покупки на Итхевоне и на Тондемуне.

...? – Нина хотела купить сувениры родственникам.

...? – Она купила 3 больших и 2 маленьких кошелька.

...? – Всего она заплатила 75,000 вон.

...? – Ми Сон посоветовала покупать знаменитый корейский шёлк на Тондемуне.

...? – Она купила циновки с хризантемами.

9. *Переведите на русский язык.*

- 이 지갑을 보여주세요.
- 지갑이요? 어떤 거요? 큰 거요, 작은 거요? 이 지갑을 보십시오.
  이것은 그다지 크지도 않고 작지도 않습니다.
- 네, 이 지갑이 마음에 드네요. 그것을 사겠습니다. 얼마지요?
- 3만 원입니다.
- 적당한 가격이군요. 그걸 사겠습니다.

Речевой этикет

Когда мы выражаем запрещение или совет не делать что-нибудь

Запрещение	Совет не делать
Нельзя опаздывать!	Не надо спрашивать (говорить).
Нельзя курить!	Не стоит открывать окно.
Нельзя говорить громко!	Не стоит смотреть этот фильм.

Задания

1. *Дайте совет, мотивируя его.*

Модель : - Я хочу купить 5 кошельков.

- Не надо покупать сразу так много: кошельки есть

и в других магазинах.

А

1) Я хочу посмотреть этот фильм.

2) Я хочу прочитать этот роман.

3) Я хочу взять книгу в библиотеке.

4) Я хочу пойти в парк.

Б

1) Надо купить хлеб.

2) Надо выучить новые слова.

3) Надо написать письмо брату.

4) Надо позвонить домой.

2. *Выразите запрещение.*

Модель :- Виктор курит в аудитории.
   - Нельзя здесь курить.

1) Виктор опоздал на урок.
2) Наташа говорит очень громко в библиотеке.
3) Студенты открыли окно, а на улице очень холодно.

Работа с текстом

*Читая текст, выделите наиболее важные, по вашему
мнению, факты.*

В магазине сувениров

В Корее туристы могут купить вещи по вполне
нормальным ценам. Большинство иностранцев, которые
приезжают в Сеул, делают покупки в районе Итхэвон. Там
находится очень много небольших магазинов, где продаются
корейские сувениры. А знаменитые корейские шелка можно
купить на рынках Тондемун или Намдемун.

Нина приехала со своей подругой Чо Ми Сон в район
Итхэвон, чтобы купить подарки своим родственникам и
друзьям. В первом же магазине, куда они зашли, Нина

увидела много красивых сувениров. Она купила 2 больших и 2 маленьких кошелька с национальным корейским рисунком . Большой кошелёк стоит 15 тысяч, а маленький – 10. Всего за 4 кошелька она заплатила 50 тысяч вон. Ещё Нине понравились циновки с хризантемами и птицами. Она купила 2 циновки. Она решила, что в Москве повесит их на стену в своей комнате. И будет всегда вспоминать Корею и своих друзей.

Нина попросила показать ей красивую вазу из чёрного дерева с рисунком. Но не купила её. Она захотела посмотреть такие вазы в других магазинах.

Подруги решили, что в этот день они походят по магазинам района Итхэвон, а в следующий раз поедут на рынок Тондемун, где Нина хотела купить знаменитый корейский шёлк.

Задания

1. *Расскажите о событиях, которые описаны в тексте а) от имени Ми Сон; б) от имени Нины.*

2. Расскажите о себе, ответив на вопросы.

Вы часто ходите в магазин (на рынок)? Вы часто покупаете сувениры? В какие магазины вы любите ходить? Далеко этот магазин (рынок) от вашего дома? Какие подарки вы покупаете: дорогие или недорогие? Что вы говорите продавцу, если вы хотите посмотреть какую-нибудь вещь? Как работают магазины (рынки) в вашем городе?

3. *Напишите рассказ "В магазине"("Покупка сувениров"), используя следующие слова и словосочетания:* (мне надо купить; я хочу подарить; покажите, пожалуйста; сколько стоит; какая прелесть; вспоминать; нормальная цена; национальный корейский рисунок).

Урок 06 | Спорт

Я люблю заниматься спортом.

Алексей : Нам Су, я последнее время плохо себя чувствую
– часто болит голова, я быстро устаю.

Ким : Ты много работаешь, тебе нужно заниматься
спортом. Когда ты жил в Москве, ты же делал
это.

Алексей : Да, мы с Ниной 2 раза в неделю плавали в
бассейне, зимой ходили на лыжах, и по утрам
я бегал.

Ким : Почему же ты этого не делаешь в Корее? В
нашей стране спорт – популярный вид отдыха.

78

Я советую тебе заниматься спортом.

Алексей : Чем занимаются корейцы?

Ким : Горожане любят играть в теннис, в гольф, утром они бегают ("трусцой"). Я, например, по утрам 2 раза в неделю играю с соседями в футбол. Вчера наша команда выиграла со счётом 3:1.

Алексей : Ты играешь в футбол?! Я не знал этого. А какой вид спорта любит Ми Сон?

Ким : Туризм. Ей нравится на выходные дни ездить в горы, к морю.

Алексей : Я знаю, что она любит горы и море. Скажи, Нам Су, ты помнишь, как проходили Олимпийские игры 1988 года в Сеуле?

Ким : Конечно. Их помнит вся Корея. Мне тогда было около 20 лет. 26 тысяч корейцев помогали проводить эти игры. Корейские семьи приняли 500 спортсменов.

Алексей : Это замечательно.

Ким : Многие сеульцы помогали регулировать в городе движение транспорта. Я тоже помогал.

Алексей : Мне хочется посмотреть Олимпийский стадион, Сеульский спортивный комплекс. Я ничего не знаю о нём. Ты мне покажешь его?

Ким : Нет проблем, в следующее воскресенье поедем туда. Когда мы приедем туда, я тебе всё покажу.

Алексей : Я думаю, там есть, что посмотреть.

Ким : Да. Стадион на 100 тысяч мест, 2 спортивных

зала для баскетбола и бокса.

Алексей : Я люблю ездить на велосипеде. Там есть велодром?

Ким : Нет, велодром на 6 тысяч мест – в Олимпийском парке. Там ещё есть залы для соревнований по гимнастике, фехтованию и тяжёлой атлетике, 18 теннисных кортов, большой бассейн.

Алексей : Я хотел бы всё это увидеть. Я знаю, что традиционный вид спорта в Корее – тхэквондо.

Ким : Не только тхэквондо. Мы ещё любим старинный вид борьбы – ссирым. Алексей, я знаю, что русские очень любят футбол и хоккей.

Алексей : Я думаю, большинство мужчин в мире любят эти виды спорта.

Ким : А какую русскую футбольную команду ты любишь?

Алексей : У нас есть слово: «болеть». Я болею за «Спартак». А за какую корейскую футбольную команду ты болеешь?

Ким : Я больше люблю гандбол. Наши гандболисты – одни из лучших в мире.

Алексей : И не только гандболисты. Мне известно, что в таких видах спорта, как стрельба, стрельба из лука, бейсбол, борьба дзюдо, марафонский бег, у вас много отличных спортсменов. Их знает весь мир.

Слова к диалогу

пла́вать 수영하다

лы́жи 스키

бе́гать 뛰다, 달리다

вид спо́рта 스포츠의 종류

о́тдых 휴식, 휴가

сове́товать *кому́ +инф.* 조언하다, 충고하다

горожа́нин −горожа́не 도시인, 도시 주민

сосе́д 이웃, 이웃사람

вы́играть со счётом 몇 대 몇으로 이기다, 몇 점으로 이기다

игра́ть *во что* 경기를 하다

тури́зм 관광

выходно́й день - день о́тдыха 휴일

е́здить *куда́* (교통수단을 이용하여) 다니다

гора́ 산

мо́ре 바다

по́мнить *что, о чём* 기억하다

и́гры проходи́ли 경기가 열리다

проводи́ть и́гры 경기를 행하다, 시합하다

Грамматика

'*к о г д а*'를 쓰는 종속절

а) Глаголы НСВ используются говорящим для обозначения действий, происходящих одновременно, параллельно.

Пример :   Когда Алексей читал газету, Нина готовила ужин.

б) Глаголы СВ указывают на законченность (конец) действия. Обычно после законченного действия сразу начинается новое действие или движение с определённой целью.

Пример :   Алексей выучил новые слова и начал читать текст.

Упражнения

1. *Дайте ответы на вопросы к диалогу.*

1) Каким видом спорта занимался Алексей, когда он жил в Москве?

2) Алексей и Нина часто плавали в бассейне?

3) Каким видом спорта занимались Нина и Алексей зимой?

4) Какими видами спорта любят заниматься горожане в Корее?

5) Каким видом спорта любит заниматься Ким Нам Су?

6) Что любит Чо Ми Сон?

7) Когда проходили в Сеуле летние Олимпийские игры?

8) Как сеульцы помогали проводить Олимпийские игры?

9) Как помогал Ким Нам Су?

10) Где находится Олимпийский стадион?

11) Что рассказал Ким Нам Су об Олимпийском спортивном комплексе?

12) Где проходят занятия по гимнастике, по тяжёлой атлетике, по боксу, по баскетболу?

13) Что находится в Олимпийском парке?

14) Как называется традиционный вид спорта в Корее?

15) Какой старинный вид спорта любят корейцы?

16) За какую футбольную команду болеет Алексей?

17) В каких видах спорта много известных во всём мире корейских спортсменов?

2. *Читайте предложения. Помните, что глаголы несовершенного вида используется для обозначения действий, происходящих одновременно, параллельно.*

1) Когда Виктор читал текст, Анна смотрела новые слова в словаре.

2) Когда преподаватель объяснял новое правило, все студенты внимательно слушали.

3) Когда я писала упражнение, мой друг повторял глаголы.

4) Когда Андрей учил урок, его товарищ читал книгу.

5) Когда я писал письмо, моя сестра смотрела телевизор.

3. *Переспросите, что делает один из друзей.*

Модель : - Виктор писал письмо домой, а его друг смотрел телевизор.

- Что делал Виктор, когда его друг смотрел телевизор?

1) Анна читала книгу, а Нина слушала радио.

2) Мой друг писал упражнение, а его брат повторял глаголы.

3) Ким Нам Су переводил статью, а его жена готовила обед.

4) Чо Ми Сон и Нина разговаривали, а Ким Нам Су и Алексей смотрели телевизор.

4. *Закончите предложения.*

Модель : - Когда студент отвечал неправильно, ...

- Когда студент отвечал неправильно, преподаватель исправлял его.

1) Когда Алексей смотрел телевизор, ...

2) Когда Нина писала письмо домой, ...

3) Когда Нам Су переводил статью, ...

4) Когда преподаватель объяснял, ...

5) Когда мой друг рассказывал тексты, ...

6) Когда Ми Сон слушала музыку, ...

5. *Скажите, что эти действия будут совершаться и в будущем.*

Модель : - Вчера, когда Ким Нам Су переводил статью на русский язык, Алексей помогал ему.

- Я думаю, что завтра, когда Ким Нам Су будет переводить статью на русский язык, Алексей будет помогать ему.

1) Вчера, когда преподаватель объяснял грамматику, все студенты внимательно слушали.

2) Когда мой друг делал домашнее задание, я помогал ему.

3) Когда Ми Сон разговаривала по телефону, Нам Су смотрел новые слова в словаре и переводил статью.

4) Когда Чо Ми Сон рассказывала о своей сестре, Нина внимательно слушала.

6. *Читайте предложения. Помните, что глаголы совершенного вида указывают на законченность (конец) действия. Обычно после законченного действия сразу начинается новое действие или движение с определённой целью.*

1) Ким Нам Су выучил слова и начал читать текст.

2) Нина написала письмо и пошла на почту.

3) Ким Нам Су сделал домашнее задание и начал слушать музыку.

4) Чо Ми Сон приготовила ужин и начала смотреть телевизор.

5) Преподаватель объяснил новую грамматику и начал задавать вопросы.

6) Ми Сон позавтракала и пошла на работу.

7. *Ответьте на вопросы.*

А

Модель : – Нам Су, что ты начал делать вчера, когда повторил старую грамматику?

– Когда я повторил старую грамматику, я начал читать текст.

1) Что вы начали делать, когда посмотрели телевизор?

2) Что вы начали делать, когда поговорили с другом?

3) Что вы начали делать, когда сделали домашнее задание?

4) Что вы начали делать, когда поиграли в футбол?

5) Что вы начали делать, когда послушали музыку?

Б

Модель : - Нина, куда ты пошла, когда написала письмо?

- Когда я написала письмо, я пошла на почту.

1) Куда ты пошёл (поехал), когда перевёл текст?

2) Куда ты пошёл (поехал), когда прочитал книгу?

3) Куда ты пошёл (поехал), когда сделал всё домашнее задание?

4) Куда ты пошёл (поехал), когда купил билет на футбол?

5) Куда ты пошёл (поехал), когда кончил работать?

6) Куда ты пошёл (поехал), когда позавтракал?

8. Выскажите своё предположение о том, что начнёт делать студент(студентка).

1) Когда он выучит слова, ...

2) Когда она прочитает текст, ...

3) Когда он напишет упражнение, ...

4) Когда она повторит всю новую грамматику, ...

5) Когда он позавтракает, ...

9. Ответьте, что вы думаете о вашем будущем и о будущем ваших друзей.

1) Вы знаете, где вы начнёте работать, когда вы окончите университет?

2) Вы знаете, где начнёт работать брат Ким Нам Су, когда он окончит юридический факультет?

3) Вы знаете, где начнёт учиться сестра Ким Нам Су, когда она окончит школу?

4) Вы знаете, где начнут работать ваши друзья, когда они окончат университет?

10. *Поставьте вопросы к следующим предложениям – ответам.*

… ? - Алексей плохо себя чувствует, поэтому он устаёт.

… ? - Когда Алексей жил в Москве, он занимался спортом.

… ? - Я плаваю в бассейне по утрам.

… ? - Ким Нам Су очень любит играть в теннис.

… ? - Когда в Сеуле были Олимпийские игры, Ким Нам Су было 20 лет.

… ? - Старинный вид спорта в Корее называется "ссирым".

… ? - Алексей болеет за футбольную команду "Спартак".

… ? - Наша команда выиграла со счётом 3:1.

11. *Переведите на русский язык.*

- 몇 년도에 서울에서 올림픽이 열렸습니까?
- 1988년에 올림픽 경기가 있었습니다.
- 약 2만 6천명의 한국인 이 경기의 진행을 도왔다고 하더군요.
- 네 많은 한국 사람들이 도왔습니다. 한국 가정에서 약 500명의

선수를 집에 받아들였습니다.
- 당신은 어떻게 도왔습니까?
- 나는 시내 교통정리를 도왔습니다.

Речевой этикет

Когда мы выражаем одобрение

Хорошо!	Отлично!
Очень хорошо!	Чудесно!
Прекрасно!	Молодец!
Замечательно!	Умница!

Задания

1. *Прочитайте диалоги. Повторите их.*

- В субботу мы поедем в гости.
- Замечательно!

- Мама, я купила всё, что ты просила.
- Умница.

- Я уже сдала все экзамены.
- Молодец!

2. *Выразите своё одобрение по поводу услышанного.*

- Виктор сдал все экзамены и получил "отлично".
- ... .
- Завтра утром мы пойдём с друзьями в горы.
- ... .
- Нина послала друзьям поздравительные открытки.
- ... .

Работа с текстом

Читая текст, выделите наиболее важные, по вашему мнению, факты.

Спорт

Когда Алексей и Нина Ивановы жили в Москве, они занимались спортом. Два раза в неделю они ходили в бассейн, зимой катались на лыжах, а Алексей бегал по утрам.

В Корее они не делали этого. Алексей много работал, и у него начала болеть голова, он быстро уставал.

Когда он рассказал об этом Ким Нам Су, тот посоветовал другу заниматься спортом. Ким Нам Су сказал, что спорт – это популярный вид отдыха в Корее. Сеульцы любят играть в теннис, в гольф, утром они бегают («трусцой»). Ким Нам Су, например, по утрам два раза в неделю играет с соседями в футбол. Вчера его команда выиграла со счётом 3:1.

Чо Ми Сон тоже занимается спортом. Ей нравится туризм. Она любит ходить в горы.

Вся Корея помнит Сеульские Олимпийские игры 1988 года. Двадцать шесть тысяч корейцев помогали проводить эти игры. Корейские семьи приняли пятьсот спортсменов. Ким Нам Су помогал регулировать в городе движение транспорта.

Многие туристы хотят посмотреть Олимпийский комплекс. Там есть стадион на сто тысяч мест, два спортивных зала: для баскетбола и бокса. А в Олимпийском парке находится велодром на шесть тысяч мест, залы для соревнований по гимнастике, фехтованию и тяжёлой атлетике, бассейн. Ещё там есть восемнадцать теннисных кортов. В Корее любят традиционные виды борьбы: тхэквондо и ссирым.

Многие мужчины мира любят хоккей и футбол. Алексей болеет за русскую команду "Спартак". А Ким Нам Су нравится гандбол. Корейские гандболисты – одни из лучших в мире. В таких видах спорта, как стрельба из лука, стрельба, борьба дзюдо, марафонский бег, в Корее много отличных спортсменов. Их знает весь мир.

Задания

1. *Расскажите от лица Ким Нам Су а) о XXIV Олимпийских играх в Сеуле; б) об Олимпийском спортивном комплексе в Сеуле; в) о популярных видах спорта в Корее.*

2. *Расскажите от лица Алексея о его занятиях спортом в Москве.*

3. *Расскажите о себе, ответив на вопросы.*

Вы занимались спортом, когда учились в школе? Каким? Каким видом спорта вы занимаетесь летом (зимой)? Ваш любимый вид спорта? Сколько вам было лет, когда в Сеуле проходили XXIV Олимпийские игры? Вы участвовали в Олимпийских играх? Вы смотрели Олимпийские игры по телевизору или были на стадионе, в спортивных залах, на велодроме, в бассейне? Вы помогали проводить Олимпийские игры? Как вы думаете, какой вид спорта самый популярный в вашей стране? Вы играете в футбол? С кем вы обычно играете в футбол? Футбольная команда какой страны вам больше всего нравится и почему? Вы болеете за какую-нибудь футбольную команду? Вы умеете и любите плавать?

4. Напишите о том, как вы занимаетесь спортом.

Урок 07 — Визит к врачу

У меня болит голова

Алексей : Алло, Нам Су, добрый вечер!

Ким : Добрый вечер!

Алексей : Ты знаешь, моя жена плохо себя чувствует. У неё насморк, кашель, сильно болит голова.

Ким : Наверное, она простудилась.

Алексей : Да, наверное. В воскресенье мы с ней целый день ходили по горам. Вечером в горах было очень холодно.

Ким : Да, конечно, сейчас ведь в Корее зима. У нас зимой, особенно в горах, очень холодно. Ей надо было взять тёплую одежду.

Алексей : Да, ты прав.

Ким :   Я знаю очень хорошее народное корейское
          лекарство. Оно называется "Сан Хва Танг".

Алексей : Оно от простуды?

Ким :   Да, корейцы пьют это лекарство при простуде.
          Оно повышает иммунитет.

Алексей : Как его принимать?

Ким :   Пить это лекарство надо обязательно тёплым
          (в тёплом виде).

Алексей : А где его можно купить?

Ким :   В любой аптеке. Его продают в маленьких
          бутылочках. Но принимать его надо при первых
          симптомах простуды. Ей надо завтра обязательно
          пойти к врачу.

Алексей : Да, Нина хочет завтра рано утром пойти к врачу.

Ким :   У меня есть знакомый врач. Это доктор Кван.
          Он очень хороший врач. Когда мы болеем, мы
          всегда обращаемся к этому врачу.

Алексей : Спасибо. Завтра утром Нина обязательно пойдёт
          к нему.

Ким :   Хорошо. Ми Сон поможет.

У врача

Ми Сон : Можно войти?

Врач :   Входите, входите.

Ми Сон :	Здравствуйте, доктор. Это моя русская подруга. Она плохо себя чувствует.
Нина :	Здравствуйте!
Врач :	Проходите. Садитесь, пожалуйста! Что с вами? На что жалуетесь?
Нина :	У меня насморк, кашель, очень болит голова.
Врач :	Когда вы почувствовали себя плохо?
Нина :	Вчера вечером.
Врач :	Вы измеряли температуру?
Нина :	Да, вчера вечером температура была почти нормальная. А сегодня температура очень высокая – 38,8°.
Врач :	Откройте, пожалуйста, рот. Я посмотрю ваше горло. У вас болит горло?
Нина :	Нет, горло у меня не болит, но сильно болит голова.
Врач :	Это от температуры. Теперь разденьтесь, пожалуйста, до пояса. Я послушаю ваше сердце и лёгкие. Дышите глубже. Так, хорошо. Ну, сердце и лёгкие в порядке.
Нина :	Можно мне одеться?
Врач :	Одевайтесь. У вас сейчас грипп. Вам необходимо несколько дней лежать в постели.
Нина :	Какое лекарство я должна принимать?
Врач :	Я выпишу вам рецепт. Вот. Это лекарство поможет вам.
Нина :	А как его принимать?

Врач :	Принимайте его по одной таблетке три раза в день после еды.
Нина :	Хорошо, доктор. Спасибо. До свидания!
Врач :	Всего хорошего! Не простужайтесь, не забывайте принимать лекарство. Поправляйтесь!
Ми Сон :	Спасибо, доктор.

Слова к диалогу

на́сморк 코감기

ка́шель 기침

голова́ 머리

боле́ть чем (*боле́ю, боле́ешь*) 아프다, 병을 앓다

простуди́ться 감기 걸리다

наро́дное лека́рство 민간요법약

просту́да 감기

лека́рство от просту́ды 감기약

пить при просту́де 감기에 복용하다(음용하다)

повыша́ть иммуните́т 면역성을 향상시키다, 면역을 증가시키다

в тёплом ви́де 따뜻하게 해서, 따뜻한 상태에서

апте́ка 약국

буты́лочка 병

принима́ть что лека́рство 약을 복용하다

принима́ть по одно́й табле́тке 한 알씩 복용하다

обраща́ться к кому ~에게 호소하다, (부탁, 질문을 가지고) 찾다

измеря́ть что температу́ру 체온을 재다

жа́ловаться на что ~을 호소하다, 불평을 말하다

го́рло 목

разде́ться до по́яса 허리까지 벗다, 허리까지 내리다

се́рдце 심장, 마음

лёгкие 폐

дыша́ть 숨쉬다, 호흡하다

одева́ться 옷을 입다

грипп 독감

Грамматика

명령법

Позиция	Основа	Единственное число	Множественное число
После гласных	чита-ешь отвеча-ешь	чита-*й* отвеча-*й*	чита-*й*-те отвеча-*й*-те
После согласных	пиш-ешь куп-ишь	пиш-*и* куп-*и*	пиш-*и*-те куп-*и*-те
	гото-*в*-ишь гото-*в*-ишь-ся вста-*н*-ешь	готов-*ь* готов-*ь*-ся встан-*ь*	готов-*ь*-те готов-*ь*-тесь встан-*ь*-те

й – на конце имеют глаголы с основой на гласный; *и* – глаголы с основой на согласный; *мягкий согласный* на конце имеют глаголы с основой на согласный и с постоянным ударением на основе.

Исключение : давать – даёшь – давай

пить – пьёшь – пей

명령법과 동사의 상

Несовершенный вид

1. Читайте эти слова! (начало действия)
2. Читайте, читайте! (продолжение действия)
3. Читайте этот текст 15 минут! (процесс действия)
4. Читайте текст каждый день! (регулярность действия)

Совершенный вид

1. Дома обязательно прочитайте текст! (требование)
2. Прочитайте, пожалуйста, ещё раз! (просьба)
3. Возьмите в библиотеке словарь! Он будет нужен. (совет)
4. Сначала исправьте ошибки, а потом сделайте упражнение.
   (рекомендация)

 Запомните!

Не опаздывайте!
Не входите после звонка!
Не мешайте!
Не разговаривайте во время урока!
Не открывайте окно!

С отрицанием НЕ употребляется императив с глаголами
НСВ в значении *НЕ НАДО*

Употребление глагола б о л е т ь - з а б о л е т ь

а) *кто*?		*чем*?(*название болезни*)
Я	болею	гриппом
Он	заболел	ангиной
б) *У кого*?		*что*?

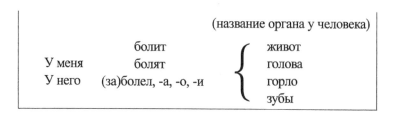

		(название органа у человека)
	болит	живот
У меня	болят	голова
У него	(за)болел, -а, -о, -и	горло
		зубы

Упражнения

1. Дайте ответы на вопросы к диалогу.

1) Где гуляли Нина и Алексей в воскресенье?

2) Почему Нина простудилась?

3) Когда Нина почувствовала себя плохо?

4) На что она жаловалась?

5) Кому рассказал Алексей о болезни Нины?

6) Какое лекарство часто принимают корейцы при простуде?

7) Где можно купить это лекарство?

8) К кому обращаются Ким Нам Су и его жена, когда они болеют?

9) К какому врачу посоветовал он пойти?

10) Кто помогал Нине разговаривать с врачом?

11) Как врач осматривал Нину?

12) Что у Нины болело?

13) Какая у неё была температура?

14) Что посоветовал врач Нине?

15) Как Нина должна принимать лекарство?

2. Образуйте императив от следующих глаголов.

а) Читать – читаешь – читай ; делать, изучать, решать, посылать, получать, открыть, смеяться, принимать, поправляться, одеваться, раздеваться, не простужаться, не забывать.

б) Давать – даёшь – давай; вставать, продавать.

в) Говорить – говоришь – говори; учить, писать, купить, проходить, садиться, дышать, жить, лежать, перевести, перенести, брать, идти, ждать.

г) Готовить – готовишь – готовь; встать, надеть, одеться, раздеться, остаться, перестать.

3. А) *Скажите, что говорит вам преподаватель, если нужно повторять слова каждый день.*

Модель : Преподаватель говорит нам: "Повторяйте слова каждый день!"

1) Нужно писать все упражнения.
2) Нужно делать домашнее задание каждый день.
3) Нужно читать текст пять – шесть раз.
4) Нужно учить все новые слова.

Б) *Скажите, что говорит врач, если нужно заниматься спортом.*

Модель : Врач говорит: "Регулярно занимайтесь спортом".

1) Нужно измерять температуру каждый вечер.

2) Нужно открывать окно.

3) Нужно гулять каждый день.

4) Нужно принимать лекарство 3 раза в день.

4. Прочитайте предложения. Сравните употребление глаголов в императиве без отрицания и с отрицанием.

1)	Откройте окно, здесь очень душно	Не открывайте окно, на улице очень холодно.
2)	Примите это лекарство. Оно поможет вам.	Не принимайте это лекарство. Оно уже очень старое.
3)	Прочитайте этот текст ещё раз до конца.	Не читайте этот текст до конца.

5. Измените предложения по образцу.

Модель : Не надо открывать окно. На улице холодно.
Не открывайте окно, потому что на улице холодно.

1) Не надо писать это упражнение. Оно лёгкое.

2) Не надо курить. Это вредно.

3) Не надо говорить громко. Вы мне мешаете.

4) Не надо брать эту книгу в библиотеке. Она у меня есть.

6. Измените предложения по образцу. Обратите внимание на виды глаголов з а к р ы в а т ь —

закрыть; открывать – открыть; принимать – принять; раздеваться – раздеться; садиться – сесть.

Модель : Прочитайте этот текст!
              Не читайте этот текст!

1) Закройте окно!   2) Откройте рот!
3) Примите это лекарство!   4) Разденьтесь (до пояса)!
5) Сядьте сюда!

7. *Вместо точек вставьте б о л е т ь (б о л и т) и б о л е т ь(б о л е е т) в нужной форме.*

1) Раньше Нина не … ангиной.

2) У неё … горло.

3) Вчера у неё очень … голова.

4) У мальчика … зубы.

5) Раньше Алексей часто … гриппом.

6) Что у вас …?

7) Нина сказала, что у неё не … горло.

8) Чем вы раньше …?

9) Ким Нам Су никогда не … ангиной.

10) Мой друг …, но сейчас уже поправился.

8. *Вставьте вместо точек нужный глагол : ж а л о в а т ь с я, в ы п и с а т ь, п р и н и м а т ь, б о л е т ь(б о л и т), б о л е т ь(б о л е е т).*

1) На что вы …?   2) Врач … Нина рецепт.

3) Чем ... Нина?   4) Врач посоветовал Нине ... лекарство.

5) Что у вас ...?   6) На что ... Нина?

7) Как ... это лекарство?

9. *Поставьте вопросы к следующим предложениям – ответам.*

...? Спасибо. Сейчас я чувствую себя хорошо.

...? Лекарство "Сан Хва Танг" нужно принимать при
   первых симптомах простуды.

...? Его надо принимать обязательно в тёплом виде.

...? У него болит горло.

...? Да, это лекарство от простуды.

...? Нет, я ещё не обращался к этому врачу.

...? У меня насморк, кашель, болит голова.

...? Да, вчера вечером температура была очень высокая.

...? Врач выписал лекарство от кашля и от головной боли.

10. *Переведите на русский язык.*

- 의사 선생님, 안녕하세요.
- 안녕하세요, 앉으십시오. 어디가 아프십니까?
- 몸이 안 좋습니다. 숨쉬기가 곤란합니다. 머리가 아프고, 기침
  이 매우 심해요.
- 체온을 쟀습니까?
- 네, 체온이 높습니다
- 허리까지 옷을 내리세요. 심장과 폐를 청진해 보겠습니다. 네,
  폐와 심장은 정상입니다.
- 옷을 입어도 될까요?

- 옷을 입으세요. 기관지염이군요. 기침과 두통약을 당신께 처방
해 드리겠습니다.
- 의사 선생님, 감사합니다. 그런데, 이 약은 어떻게 복용합니까?
- 하루에 세 번 한 알씩 복용하세요. 누워있으세요. 일어나 다니
지 마십시오
- 감사합니다. 안녕히 계십시오

Речевой этикет

Когда мы не рекомендуем, запрещаем что-либо делать

Не опаздывайте!	Не следует опаздывать.
Не спорьте!	Нельзя спорить!
Не смотрите этот фильм.	Не стоит смотреть этот фильм.
Не курите!	Нельзя курить!
Не переходите улицу на красный свет!	Нельзя переходить улицу на красный свет!
Не говорите громко!	Перестаньте говорить громко!
Не смейтесь!	Перестаньте смеяться!

Задания

1. *Прочитайте диалоги и обратите внимание на формы выражения запрещения.*

а) - Здесь душно. Алексей, открой окно!
   - Нет, нет, *не открывай*, будет холодно!
б) - Мы хотим завтра пойти в горы. Пойдём с нами?
   - *Не следует ходить*. Завтра будет дождь.

в) - Мне надо купить сумку.

- *Не покупай!* Здесь дорого.

г) - Давай покурим!

- Нет, здесь *нельзя курить.*

д) - Я должна позвонить Виктору. Я давно ему не звонила.

- *Не надо* звонить. У него сейчас экзамен, он очень занят.

2. *Запретите, аргументируя свой запрет.*

а) смеяться и громко говорить, потому что у Нины высокая температура ;

б) курить в комнате, потому что дома маленькие дети;

в) опаздывать на урок, потому что будет контрольная работа.

Работа с текстом

Читая текст, выделите наиболее важные, по вашему мнению, факты.

Визит к врачу

В воскресенье Алексей и Нина отдыхали в горах. Им очень понравилась природа. Но было очень холодно. У Нины не было тёплой одежды. В понедельник Нина почувствовала себя плохо. Она сказала об этом мужу. Алексей сразу позвонил Ким Нам Су, и сказал, что Нина, наверное, простудилась. Ким Нам Су рассказал, что при температуре корейцы принимают "Сан Хва Танг". Это народное корейское лекарство. Его надо пить обязательно в тёплом виде. Лекарство можно купить в каждой аптеке. Его продают в маленьких бутылочках. Но Ким Нам Су посоветовал Нине пойти к врачу. Доктор Кван очень хороший врач. Ким Нам Су и его жена всегда обращаются к нему. Чо Ми Сон помогла Нине разговаривать с врачом.

Нина пришла к врачу вместе с Чо Ми Сон. Врач осмотрел больную: послушал лёгкие, сердце, посмотрел горло. У Нины был грипп. Нина несколько дней должна полежать в постели, не вставать. Он выписал рецепт и рассказал, как Нина должна принимать лекарство.

Врач посоветовал Нине не простужаться и поправляться. Нина поблагодарила врача.

Задания

1. *Расскажите* а) *о телефонном звонке Алексея от лица Ким Нам Су* б) *о визите Нины к врачу Квану от лица Чо Ми Сон.*

2. *Расскажите о себе, ответив на вопросы.*

Как вы себя чувствуете? Вы часто болеете? К какому врачу вы обращаетесь, когда вы болеете? Какое лекарство вы принимаете при простуде? Как вы принимаете это лекарство? У вас часто болит голова, горло? Вы болели гриппом? Вы давно болели гриппом? Чем вы болели в детстве? Вы лежали когда-нибудь в больнице? Что советовал вам врач, когда у вас была высокая температура?

3. *Напишите рассказ, ответив на вопросы предыдущего упражнения.*

В гостинице

Ким :   Алексей, ты знаешь, я лечу в Москву в командировку по делам фирмы.

Алексей : Сколько времени ты будешь там?

Ким :   Я буду жить там целую неделю.

Алексей : Где ты будешь жить?

Ким :   В гостинице.

Алексей : В какой?

Ким :   В гостинице «Спутник».

Алексей : Тебе заказали там номер?

Ким :   Да, по факсу. Скажи, это хорошая гостиница?

Алексей : Очень хорошая.

Ким : Далеко от центра?

Алексей : Нет, недалеко, на юге Москвы. Недалеко от станции метро Юго-Западная.

Ким : Расскажи, что находится в номере?

Алексей : Ты будешь жить в одноместном или двухместном номере?

Ким : Это номер на одного человека.

Алексей : Я думаю в комнате будет кровать, шкаф, стол, кресла, стул, телевизор, телефон, ковёр. Может быть, холодильник.

Ким : А ванная комната, туалет?

Алексей : Конечно, в этом номере находится и ванная комната, и туалет.

Ким : Кто убирает комнаты в гостинице?

Алексей : Женщина, её называют – горничная. Она убирает комнату каждый день утром.

Ким : В гостинице есть ресторан? Там можно заказать корейскую еду?

Алексей : Ресторан, конечно, есть, и не один. Кажется, там есть и корейский ресторан. В Москве есть несколько корейских ресторанов.

Ким : Да, я слышал об этом.

Алексей : Ты летишь с Ми Сон?

Ким : Нет, один. Я буду ей звонить.

Алексей : Тебя будут встречать в аэропорту Шереметьево?

Ким : Да, будут и отвезут на машине в гостиницу.

Алексей : Тогда тебе не надо волноваться. Когда ты летишь?

Ким : Через неделю.

Алексей : Мы с Ниной тебя обязательно проводим в аэропорт Инчеон. Значит, ты будешь жить там целую неделю?!

Ким : Да, дней семь.

Алексей : Как бы я хотел полететь в Москву с тобой! За неделю ты сможешь много увидеть. Ты обязательно сходи на Красную площадь, в Большой театр. Москва теперь такая красивая!

Ким : Конечно, я хочу посмотреть Москву, но, думаю, у меня совсем не будет свободного времени. Ты забыл, я ведь буду там только неделю. За неделю я не смогу всё увидеть. Но я постараюсь.

Слова к диалогу

лете́ть 날다, 가다
командиро́вка 출장, 여행
де́ло 일, 사업
це́лый 전부의, 온전한
неде́ля 일주일, 주
гости́ница 호텔
заказа́ть по фа́ксу что 팩스로 주문하다
ста́нция 역, 정거장
находи́ться 위치해 있다

одноме́стный 1인실의

двухме́стный 2인실의

убира́ть *что* 청소하다, 치우다

называ́ть *кого* ~를 부르다

го́рничная 청소부

еда́ 음식, 먹거리

звони́ть *кому* 전화를 걸다

встреча́ть *кого*, *что* ~를 마중하다, 만나다

аэропо́рт 공항

отвезти́ *кого*, *куда* 데리고 가다, 운반하다

волнова́ться 흥분하다, 동요하다

проводи́ть *кого*, *куда* ~를 배웅하다

уви́деть *кого*, *что* ~를 만나다, 마중하다

Грамматика

시간 표현 (Выражение времени)

За сколько времени? (винительный падеж)	На сколько времени? (винительный падеж)
за час	на час
за 2,3,4 часа	на 2, 3, 4 часа
за целый, весь день (год, месяц)	на (целый, весь) день, месяц, год
за (целую, всю) неделю	на (целую, всю) неделю
за (целое, всё) утро	на (целое, всё) утро
за (целую, всю) зиму	на (целую, всю) зиму

При ответе на вопрос з а с к о л ь к о в р е м е н и? обычно употребляется *глагол совершенного вида (обозначение законченности действия или его результата)*: Виктор написал упражнение за 30 минут.

С вопросом н а с к о л ь к о в р е м е н и? обычно *используются глаголы движения*: приезжать – приехать, уезжать – уехать, заходить – зайти, *а также глаголы*: брать – взять, давать – дать, приглашать – пригласить, открывать – открыть, класть – положить и др.: Ким Нам Су поедет в Москву на неделю. = Он будет в Москве неделю.

Упражнения

1. Дайте ответы на вопросы к диалогу.

1) Куда должен поехать Ким Нам Су в командировку?

2) На сколько дней он поедет (полетит) туда?

3) Где он будет жить в Москве?

4) Как Ким Нам Су заказал номер в гостинице?

5) Какой номер он заказал?

6) Где находится гостиница "Спутник"?

7) Кто убирает комнаты в гостинице?

8) Что находится в каждой комнате?

9) Будет ли кто-нибудь встречать Ким Нам Су в аэропорту Шереметьево?

10) Кто будет провожать Ким Нам Су в аэропорт Инчеон?

11) Что советует Алексей посмотреть в Москве?

12) Будет ли у Ким Нам Су свободное время в Москве?

2. Прочитайте и сравните предложения, данные слева, и предложения, данные справа.

Сколько времени (как долго) продолжается действие?	За сколько времени закончилось действие?
Я читал текст час.	Я прочитал текст за час.
Они учили русский язык 5 лет.	Они выучили русский язык за 5 лет.
Гостиницу «Спутник» строили год.	Гостиницу «Спутник» построили за год.

3. Поставьте вопросы к выделенным словам.

1) Я взял книгу на три дня. Я буду читать её три дня. Может быть, я прочитаю её за три дня. Через три дня я верну книгу в библиотеку.

2) Ким Нам Су поехал в Москву на неделю. Он будет жить там неделю. За неделю он познакомится с Москвой. Через неделю он вернётся.

3) Алексей и Нина приехали в Сеул на 2 года. Они будут жить в Сеуле 2 года. За два года они хорошо узнают Корею. Через два года они поедут домой.

4. Прочитайте диалоги, в которых употребляются конструкции с предлогом н а.

- Алексей приехал в Сеул на два года.

- Значит, он будет жить в Сеуле два года?
- Да, через два года он должен уехать.

- Дай мне, пожалуйста, твой словарь
- Я не могу тебе дать словарь, потому что через два часа я буду делать домашнее задание.
- Хорошо, дай мне словарь на 2 часа, через 2 часа я его принесу.

5. *Скажите, как вы понимаете следующие предложения.*

Модель : Ким Нам Су поехал в Москву на неделю. - Это значит, что он будет в Москве неделю.

1) Алексей и Нина поедут на остров Чеджу на субботу и воскресенье.
2) На каникулы Виктор уехал к бабушке в деревню.
3) Я взял книгу в библиотеке на десять дней.
4) Я запомнил этот случай на всю жизнь.

6. *Прослушав сообщение собеседника, выразите удивление.*

Модель : - Я рисовал эту картину три недели.
              - Неужели за три недели можно **нарисовать** такую замечательную картину!?

1) Ким Нам Су учил русский язык два года.
2) Автор писал роман два месяца.
3) Она читала эту книгу 2 дня.

4. Эту гостиницу строили полгода.

5. Он переводил эту статью день.

7. *Поставьте вопросы к следующим предложениям - ответам.*

....? В гостинице есть одноместные и двухместные комнаты.

....? Ким Нам Су заказал комнату на одного.

....? Женщина, которая убирает комнаты, называется горничная.

....? Гостиница "Спутник" находится около метро "Юго - Западная."

....? Ким Нам Су поедет в Москву на неделю.

....? Он будет обедать в ресторане гостиницы "Спутник".

....? Да, в Москве есть корейские рестораны.

....? В аэропорт Инчеон Ким Нам Су проводят друзья.

8. *Переведите на русский язык.*

- 말씀해 주십시오, 1인실 방이 있습니까?
- 네, 1인실과 2인실이 있습니다. 얼마 동안 객실을 이용하실 겁니까?
- 2주 동안이요.
- 몇 층에 제 방이 있습니까?
- 2층입니다.
- 방안에 전화는 있습니까?.
- 네, 물론이죠. 방안에는 전화, 욕조, 화장실, 냉장고와 TV가 있습니다.
- 좋습니다.
- 매일 청소부가 당신의 방을 청소할 겁니다. 여기 당신의 열쇠가

있습니다.
- 감사합니다.

Речевой этикет

Когда мы удивляемся, сомневаемся	Когда мы радуемся, восхищаемся
Неужели? Разве? Невероятно! Правда? Как же так?! Не может быть! Да?! Подумать только! Вот это да! Да что ты!	Прекрасно! Как хорошо! Это замечательно! Как я рад, что мы приехали сюда!

Задания

1. *Прочитайте диалоги. Обратите внимание на слова, которые используются для выражения удивления, сомнения и радости.*

- Ты знаешь, я лечу в Москву по делам фирмы.
- Правда? Как я рад, что ты поедешь в Москву!

- Виктор не хочет принимать лекарство.
- Как же так?! У него же высокая температура.

- Один мой знакомый знает семь иностранных языков.

- Невероятно! Это очень способный человек!

- Виктор плохо сдал экзамен.

- Неужели? Он же много занимался!

- В Москве есть несколько корейских ресторанов.

- Это замечательно! Значит, я смогу заказывать там корейскую еду.

- Говорят, что он потерял все свои документы.

- Да?! Не может быть!

2. *Выразите* а) удивление ; б) восхищение.

а)

- Виктор не сдал экзамен.

- ... .

- Моя сестра не любит ездить на экскурсии.

- ... .

- Анна не хочет идти к врачу.

- ... .

- Завтра я не могу пойти в университет.

- ... .

б)

- Ким Нам Су успевает и прекрасно работать, и заниматься спортом, и изучать русский язык.

- ... .

- Чо Ми Сон тоже хорошо говорит по-русски.

- ... .

- Завтра Ким Нам Су поедет в Москву.

Работа с текстом

Читая текст, выделите наиболее важные, по вашему мнению, факты.

В гостинице

Ким Нам Су должен лететь по делам фирмы в Москву. По факсу он заказал одноместный номер в гостинице «Спутник». Это хорошая гостиница, она находится на юге Москвы, недалеко от станции метро Юго-Западная. В одноместном номере есть прихожая, одна комната, ванная комната и туалет. В комнате стоят кровать, шкаф, стол, кресла, стул. На полу – ковёр. Есть телевизор, телефон, холодильник.

Комнаты в гостинице убирает горничная.

В гостинице есть несколько ресторанов. А в Москве есть несколько корейских ресторанов. Там готовят корейскую еду.

Ким Нам Су летит в Москву в первый раз. Алексей сказал ему, что столица России стала очень красивой. Он посоветовал Ким Нам Су пойти на Красную площадь, в Большой театр, но Ким Нам Су ответил, что у него много работы и, наверное, не будет свободного времени. Он летит туда на 7 дней.

Задания

1. Расскажите о планах Ким Нам Су от лица Алексея.

2. Расскажите, что узнал Ким Нам Су о гостинице "Спутник".

3. Расскажите о себе, ответьте на вопросы.

Вы часто ездите в другие города? Где вы живёте, когда бываете в новом городе? Как вы заказываете номер: по телефону, по факсу? В каком городе вы останавливались в последний раз? Где находится гостиница, в которой вы жили? Сколько стоит номер на одного в этой гостинице? На каком этаже был ваш номер? Какие удобства были в вашем номере? Убирала ли горничная ваш номер? Вы ужинали в ресторане гостиницы?

4. Напишите рассказ о вашем пребывании в гостинице.

Я живу в Сеуле, а мой друг в Москве

Алексей : Нам Су! Мне очень нравится ваше метро.

Ким : Да, мы гордимся своим метро.

Алексей : Когда открыли первую линию?

Ким : 15 августа 1974 года.

Алексей : Так недавно?! А сейчас уже много других линий
и станций!

Ким : Да, у нас девять линий метро.

Алексей : А сколько станций на кольцевой?

Ким : Сорок восемь. Кольцевая линия соединяет
важнейшие деловые и жилые районы по обоим

берегам реки Ханган.

Алексей : Это очень удобно.

Ким : Конечно. Сеульское метро перевозит в день 4 миллиона пассажиров. А в Сеуле живёт около 11 миллионов человек.

Алексей : Мне очень нравятся станции и вагоны. Они такие удобные, красивые и светлые.

Ким : Я знаю, что в Москве тоже красивое метро.

Алексей : Да, в Москве трудно жить без метро. Ведь в Москве тоже более 10 миллионов жителей. Но открыли его в 1935 году.

Ким : Уже давно.

Алексей : А какие ещё виды транспорта есть в Сеуле? Я видел автобусы.

Ким : В нашей стране работает около 400 автобусных компаний. В Сеуле удобная система рейсовых автобусов.

Алексей : Я знаю, в Корее прекрасные дороги.

Ким : У нас строят отличные скоростные автомагистрали.

Алексей : В Москве тоже много автобусов и есть такси.

Ким : У нас сравнительно недорогое такси.

Алексей : Я видел разные такси.

Ким : Да, их три вида: обычное такси, среднее и очень большие лимузины-такси. Но, конечно, большая часть людей ездит на метро.

Алексей : Это быстро и удобно.

Ким : Я тоже часто пользуюсь метро.

Алексей : На улицах Сеула так много транспорта!

Ким :   Да, это проблема больших городов.

Алексей : Много машин – это ещё и грязный воздух.

Ким :   А как в Москве?

Алексей : Также. Но в Москве много зелени. У нас есть ещё два вида электрического транспорта: трамвай и троллейбус. Они не загрязняют воздух.

Ким :   Это хорошо.

Алексей : Нам Су, я ещё плохо знаю Сеул, потому что мало хожу пешком и всегда езжу в офис на метро.

Ким :   Но ты можешь ездить в офис и на автобусе.

Алексей : На каком?

Ким :   Туда идёт автобус №245.

Алексей : Я знаю этот маршрут. В субботу я шёл в магазин и видел на улице остановку этого автобуса.

Ким :   Да-да. Остановка №245 автобуса около станции метро, недалеко от твоего дома.

Алексей : Да, он останавливается совсем рядом, за углом.

Ким :   Очень хорошо ехать в автобусе и смотреть в окно на новый незнакомый город.

Алексей : Разве этот автобус идёт прямо до офиса?

Ким :   Нет. Прямого сообщения нет. Придётся ехать с пересадкой.

Алексей : Надо будет сделать только одну пересадку? Это нетрудно.

Ким :   Хорошо. Я покажу тебе завтра новую дорогу.

Слова к диалогу

гордиться кем, чем ~을 자랑스럽게 여기다

кольцевая линия метро 지하철 순환선

соединять что, с чем ~와 연결시키다

берег 강가, 강변

по обоим берегам 양 강변을 따라

пассажир 승객

вагон 객차, 차량

перевозить кого, куда 수송하다, 운반하다

необходимо 필수적인

житель 주민

удобный 편한, 편리한

пользоваться чем, метро, автобусом (지하철, 버스를) 이
용하다

транспорт 교통, 교통수단

вид транспорта 교통수단의 종류

рейсовый автобус 왕복 버스

прекрасный 훌륭한, 멋진

автомагистраль 자동차 전용 도로

скоростная автомагистраль 고속 도로

сравнительно 비교적

любой 임의의, 어떤

трамвай 전차

загрязнять воздух 대기를 오염시키다

останавливаться где 묶다, 정박하다

идёт прямо до чего 곧장 ~까지 가다

переса́дка 환승
прямо́е сообще́ние 직행, 직항로
придётся е́хать 가야만 한다

Грамматика

운동 동사(정태와 부정태)

	I группа	II группа
Непереходные	идти ехать лететь плыть бежать	ходить ездить летать плавать бегать
Переходные	нести везти вести	носить возить водить

Глаголы I группы	Глаголы II группы

Движение в одном направлении.
1) *в простом предложении*
  – Куда ты идёшь?
  – В магазин
2) *в сложном предложении*
  Когда я шёл в магазин, я
  встретил Алексея.
  (*в прошедшем времени*)
	1. *Движение, которое соверша-
	ется в разных направлениях*
	  По улице ходят люди.
	
	2. Движение, которое повторяется
	  Каждое утро я хожу на работу
	
	3. *ходил (куда?) = был (где?)*
	  Вчера мы ходили в кино.

Упражнения

1. Дайте ответы на вопросы к диалогу.

1) Сколько лет сеульскому метро?

2) Какое метро открыли раньше : московское или сеульское? На сколько лет?

3) Сколько линий в сеульском метро?

4) Сколько станций на кольцевой?

5) Сколько человек перевозит в день сеульское метро?

6) Почему Алексею понравилось сеульское метро?

7) Какие виды транспорта есть ещё в Сеуле? А в Москве?

8) Сколько автобусных компаний работает в Корее?

9) Какие виды такси есть в Сеуле?

10) Каким видом транспорта ездит большая часть людей столицы Кореи?

11) На чём ездит Ким Нам Су?

12) Какие проблемы у больших городов во всём мире?

13) Почему Алексей ещё плохо знает Сеул?

14) Почему Ким Нам Су решил показать Алексею новую дорогу в офис?

15) Автобус № 245 идёт до офиса?

16) Где останавливается автобус № 245?

17) Алексей может ехать до офиса без пересадки?

18) Сколько пересадок придётся сделать Алексею?

2. Прочитайте диалоги. Назовите инфинитив глаголов.

движения. Определите, к какой группе они относятся,
и какое движение они обозначают.

— Куда ты сейчас идёшь?

— Я иду в магазин. А куда вы идёте?

— Мы идём на стадион. Там сегодня интересный матч.

Алексей звонит Нине домой.

— Нина, это ты? Я звонил тебе несколько раз, но тебя не было дома. Где ты была?

— Ходила на рынок.

— Ты не знаешь, куда едет эта группа туристов?

— Эти туристы едут в Пусан.

— Вы уже ездили на остров Чеджу?

— Конечно, ездили.

— Этот самолёт летит в Москву?

— Да.

— Сколько раз в неделю летает самолёт из Сеула в Москву?

— Почти каждый день.

3. *Ответьте на вопросы.*

1) Я езжу в университет на автобусе. А вы ездите или ходите? А ваш друг?

2) Я езжу в центр на метро. А вы ездите или ходите? А ваш друг?

3) Я хожу на рынок пешком. А вы ездите или ходите? А ваш

друг?

4) Когда я еду в метро, я читаю газету. А вы? А ваш друг?

5) Когда я еду в автобусе, я смотрю в окно. А вы? А ваш друг?

6) Когда я иду в университет, я встречаю знакомых. А вы? А ваш друг?

4. Вставьте вместо точек нужный глагол.

1) Я … в университет пешком (хожу – езжу).

2) Мои друзья часто … в театр (ходят – ездят).

3) На прошлой неделе Ким Нам Су … в Пусан (ходил – ездил).

4) Когда Алексей … на фирму, он смотрит в окно (идёт – едет).

5) Летом мой друг … на родину (ходил – ездил).

5. Составьте диалоги по образцу.

а) Спросите друг друга, где вы были вчера (вчера вечером, в субботу, в воскресенье).

Модель : - Алексей, где ты был вчера?
         - Я ходил в театр.

б) Подтвердите сообщение.

Модель : - Я слышал, что вы вчера ходили в клуб.
         - Да, я был в клубе.

Я слышал, что в субботу вы ходили в театр (в кино, в парк, на выставку, на фирму, в музей).

6. Вместо точек вставьте нужный глагол движения.

1) Я всегда … домой пешком. Куда ты сейчас … так рано? Я … в киоск, чтобы купить газету. (*идти – ходить*)

2) Обычно я … в офис на метро. Сегодня я опаздываю, поэтому … на такси. (*ехать – ездить*)

3) - Вы … на самолёте компании Кореан Эйр?
   - Да.
   - Что вы видели, когда … в Сеул?
   - Я видел города, деревни, реки, леса.
   - Сколько времени вы … ?
   - Почти десять часов. (*лететь – летать*)

7. Измените предложения, заменив глаголы б ы т ь глаголами движения х о д и т ь или е з д и т ь.

1) Мой друг был в Англии.
2) Вчера Нина была в посольстве.
3) В воскресенье Нам Су и Алексей были на фирме.
4) Ми Сон не была вчера в школе.
5) Нина была утром на рынке.

8. Поставьте вопросы к следующим предложениям – ответам.

… ? – Большая часть людей столицы ездит на метро.

… ? – Первую линию метро в Москве открыли в 1935 году.

… ? – От Москвы до Сеула самолёт летит девять часов.

… ? – Да, Андрей ездит на работу на автобусе.

… ? – Нет, я редко летаю на самолёте.

… ? – Раньше Алексей ездил в офис на метро.

… ? – Сеульское метро перевозит в день 4 миллиона пассажиров.

… ? – Андрей делает только одну пересадку.

… ? – В Москве есть два вида электрического транспорта : трамвай и троллейбус.

… ? – До офиса идёт автобус № 245.

… ? – Да, Алексею нравится ехать в автобусе и смотреть в окно.

9. Переведите на русский язык.

А

- 모스크바 지하철이 당신 마음에 듭니까?
- 모스크바 시민들은 지하철을 자랑스럽게 생각합니다.
- 언제 모스크바의 첫 지하철 노선이 개통되었습니까?
- 65년 전입니다.
- 서울 지하철 순환선(2호선)에는 몇 개의 역이 있습니까?

Б

- 서울에는 어떤 대중교통 수단이 있습니까?
- 지하철, 버스, 택시 등이 있습니다.
- 당신은 어떤 대중교통 수단을 이용합니까?
- 주로 지하철을 이용합니다.
- 택시는요?

- 시간이 없을 때만 가끔 이용합니다.
- 당신은 어떻습니까?
- 나는 자가용을 타고 다닙니다.

Речевой этикет

Когда мы обращаемся с просьбой	Когда мы отвечаем на просьбу
Скажите, пожалуйста, …	Пожалуйста. С удовольствием.
Не могли бы вы мне сказать (объяснить) …	Конечно, с удовольствием.
	Если смогу, с удовольствием.
Вы не скажете …	К сожалению, я не знаю.
Можно вас попросить …	Не могу сказать.
Можно вас спросить …	Да, пожалуйста.

Задания

1. *Выбрав одну из форм привлечения внимания, обратитесь с просьбой.*

1) К молодому человеку с вопросом, где находится остановка автобуса № 245.

2) К девушке с вопросом, какой автобус идёт в центр.

3) К женщине с вопросом, где находится станция метро "Наксонде"?

4) К мужчине с вопросом, где сделать пересадку.

2. Используя слова и словосочетания (*пожалуйста, если тебе не трудно, очень прошу тебя*) попросите друга.

1) Взять книгу в библиотеку.
2) Дать лекарство.
3) Купить билет в кино.

Работа с текстом

Читая текст, выделите наиболее важные, по вашему мнению, факты.

Городской транспорт

Сеул – столица Кореи. В нём живёт 11 миллионов человек.

Сеульское метро – светлое и удобное. Оно перевозит 4 миллиона пассажиров в день. Его первую линию открыли в 1974 году.

В Москве тоже есть метро, потому что Москва – столица России и там живёт более 10 миллионов человек. Московское метро открыли в 1935 году.

В Сеуле есть и другие виды транспорта: автобусы и такси.

В стране работает около 400 автобусных компаний. В столице удобная система рейсовых автобусов и есть отличная система скоростных автомагистралей.

Такси в Корее сравнительно недорогое. Здесь есть три вида такси. У корейцев много своих машин, но, конечно, большая часть людей ездит на метро.

На улицах Сеула очень много транспорта. Много машин и грязный воздух – это проблема всех больших городов.

В Москве есть два вида электрического транспорта: трамвай и троллейбус.

Алексей мало ходит пешком. Он ездит на работу на метро и поэтому плохо знает Сеул. Теперь он будет ездить в офис на автобусе, который останавливается около его дома. Но потом нужно будет сделать одну пересадку на другой автобус. Эту новую дорогу покажет Алексею Ким Нам Су. Очень хорошо ехать на автобусе и смотреть в окно.

Задания

1. *Расскажите* а) *что узнал Алексей от Ким Нам Су о сеульском метро* ; б) *что узнал Ким Нам Су от Алексея о московском метро.*

2. *Расскажите о себе, ответив на вопросы.*

Вы часто пользуетесь транспортом? Каким видом транспорта вы пользуетесь, когда едете на работу (в университет, по делам)? Каким видом транспорта вы пользуетесь, когда вы едете отдыхать? Вы часто ездите на метро (на автобусе, на своей машине)? Вы часто ездите на такси? Почему? Вы любите смотреть в окно, когда вы едете на автобусе? Вы ездите на работу (в университет) с пересадкой (без пересадки)? Где вам приходится делать пересадку? Где ближайшая остановка метро (автобуса)? Вы летали на самолёте? Что вы видели, когда летели в Сеул? Сколько часов летит самолёт из Москвы в Сеул? Сколько часов идёт поезд от Сеула до Пусана?

3. _Напишите рассказ, какими видами транспорта и когда вам приходится пользоваться._

Дом. Квартира

Приходите в гости

Ким :   Алексей! Как дела?

Алексей : Спасибо! Хорошо.

Ким :   Я и Ми Сон хотим пригласить вас в гости в субботу.

Алексей : Спасибо за приглашение. Мы будем очень рады. Мы давно хотим узнать, как живут корейцы. В Москве к нам часто приходят гости и мы часто ходим к друзьям.

Ким :   Мы живём недалеко от станции метро "Шилим."

Алексей : Я знаю эту станцию метро.

Ким :	Вам надо выйти из метро и пойти направо. Там будет остановка автобуса. Ехать на автобусе четыре остановки. Наш дом на горе. В нашем доме 17 этажей . Мы живём на 10 этаже.
Алексей :	Мы обязательно придём.
Ким :	Мы будем ждать вас в субботу часов в пять вечера.

В гостях

Алексей и Нина	: Можно войти? Добрый вечер!
Ким и Ми Сон	: А! Нина, Алексей. Как хорошо, что вы пришли. Входите, входите. Вы легко нашли наш дом?
Алексей :	Да, было нетрудно. Вы нам хорошо объяснили, как вас найти.
Ми Сон :	Вы долго ждали автобуса?
Нина :	Нет, автобус подошёл очень быстро.
Ми Сон :	Пожалуйста, раздевайтесь. Минуточку! Я хочу познакомить вас с первой корейской традицией.
Нина :	Да?! Какой?
Ми Сон :	В корейских домах ходят без обуви. Её снимают в прихожей.
Алексей :	В России тоже дома надевают домашнюю обувь – тапочки.
Ким :	А корейцы дома часто ходят босиком.

Нина : Но ведь зимой холодно. Пол холодный.

Ми Сон : У нас пол тёплый, потому что отопление проходит под полом.

Алексей : О, это мне нравится. В России отопление проходит под окном, и пол бывает холодным.

Ми Сон : Теперь проходите. Это наша кухня. Мы здесь обычно готовим еду и обедаем.

Алексей : В Москве тоже многие так делают.

Ким : Идите сюда! Это ванная комната и туалет. А вот наши комнаты.

Алексей : Значит, у вас две комнаты?

Ким : Да. Это наша спальня, а это мой рабочий кабинет.

Ми Сон : Когда у нас будет ребёнок, кабинет станет детской комнатой.

Алексей : У вас небольшая, но очень уютная квартира. В ней есть все удобства.

Нина : Но я не вижу здесь стульев, кровати. Извините, где вы спите?

Ми Сон : Это ещё одна традиция Востока. Мы сидим на циновках, едим за маленькими столиками, спим на полу. Поэтому в доме всегда должно быть чисто.

Ким : Сегодня и вы попробуете сидеть и есть по-корейски.

Нина : Это так интересно! Мне нравится этот пейзаж в традиционном корейском стиле. Вы знаете, кто художник?

Ким : Конечно, знаем. Это моя жена Ми Сон. Она очень любит рисовать и неплохо рисует.

Нина : Ми Сон, ты хороший художник. Я и не знала об этом!

Ми Сон : Спасибо, Нина. Мне очень приятно это слышать.

Ким : Давайте, выйдем на балкон и посмотрим сверху на наш город.

Алексей : Да, чудесный вид! Весь город как на ладони.

Ми Сон : Нина, Алексей! Идите сюда! Я познакомлю вас с корейской национальной кухней.

Уход из гостей

Алексей : Ми Сон, Нам Су! Большое спасибо за приглашение.

Нина : Да! Это был чудесный вечер. Мы хорошо отдохнули и узнали много нового о Корее.

Алексей : Ми Сон, должен сказать, что ты прекрасная хозяйка.

Нина : Обед был очень вкусный. Но, к сожалению, уже пора уходить. Завтра рано вставать.

Алексей : По-русски говорят: «Пора и честь знать». Спасибо за всё.

Ким и Ми Сон : Не за что. Нам тоже было очень приятно провести с вами вечер. Приходите ещё.

Нина и Алексей : Спасибо, спасибо. До свидания. Теперь уж вы к нам приходите. Всего хорошего!

Слова к диалогу

(при)ходи́ть в го́сти 손님으로 가다(오다)

пригласи́ть *кого, куда, к кому* ~를 ~로 초청하다

пригласи́ть к себе́ 자기 집으로 초대하다

приглаше́ние 초대, 초청, 초대장

Спаси́бо за приглаше́ние! 초대해 주서서 감사합니다

напра́во 오른쪽으로

ждать *кого, что, где* 기다리다

найти́ *кого, что* 찾다, 발견하다

тради́ция 전통, 관습

прихо́жая 현관

раздева́ться *где* 옷을 벗다

надева́ть *что* 입다, 착용하다

о́бувь 신발

снима́ть *что* 벗다, 떼어내다

та́почки 실내용 슬리퍼

босико́м 맨발로

отопле́ние 난방, 난방장치

отопле́ние прохо́дит под по́лом 난방장치가 바닥 밑을 통과한다

ку́хня 부엌, 요리

ва́нная ко́мната 욕실

туале́т 화장실

спа́льня 침실

ребёнок 아기, 아기

ую́тный 쾌적한, 기분의 좋은

удо́бства *мн.ч.* 편의 시설

спать 자다

сиде́ть 앉다, 머물다

цино́вка 방석, 돗자리

(по)про́бовать + *инф.* 시도해 보다, 맛보다

про́бовать сиде́ть 앉아 보다

худо́жник 화가

балко́н 발코니

чуде́сный 탁월한, 뛰어난

вку́сный 맛있는

весь го́род как на ладо́ни 도시 전체가 한눈에 보인다

 # Грамматика

운동 동사와 접두사

	Совершенный вид	Несовершенный вид
А	приставка + идти	приставка + ходить
	при прийти	приходить
	у - уйти	уходить
	в - войти	входить
	вы - выйти	выходить
	под - подойти	подходить
	от - отойти	отходить
	про - пройти	проходить
	за - зайти	заходить
	пере - перейти	переходить

Б	идти прийти уйти	ходить приходить уходить
	ехать приехать уехать	ездить приезжать уезжать
	лететь прилететь улететь	летать прилетать улетать
	бежать прибежать убежать	бегать прибегать убегать
	плыть приплыть подплыть	плавать приплывать подплывать

Употребление глаголов движения с приставками

глаголы СВ	Вчера он пришёл домой поздно. (*Прошедшее время*) Завтра он придёт домой поздно. (*Будущее время*)
глаголы НСВ	1. Обычно он приходит домой поздно. (Настоящее время) Обычно он приходил домой поздно, но вчера он пришёл рано. (Прошедшее время) Скоро он будет приходить домой поздно. (*Будущее время*) 2. Мы уже подходим к дому. (*Настоящее время*) Когда я подходил к дому, я встретил друга. (*Прошедшее время*) Когда мы будем подходить к дому, я покажу вам его. (*Будущее время*)

Упражнения

1. *Дайте ответы на вопросы к диалогу.*

1) Кого пригласили к себе в гости Нам Су и Ми Сон?

2) Почему Нина и Алексей были очень рады, когда их пригласили в гости корейские друзья?

3) Нина и Алексей часто ходили в гости, когда жили в Москве?

4) Как ехали Нина и Алексей от метро Шилим до их дома?

5) Как Ми Сон пригласила гостей войти в квартиру?

6) Где живут Нам Су и Ми Сон?

7) На каком этаже они живут?

8) С какой корейской традицией познакомила Ми Сон гостей, когда они вошли в прихожую?

9) Почему дома корейцы часто ходят босиком?

10) Почему в корейских домах зимой пол тёплый?

11) Как Ми Сон пригласила гостей войти в кухню и в комнаты?

12) Где Ми Сон готовит еду?

13) Где они едят?

14) Какие комнаты есть в квартире?

15) Какие удобства есть в квартире?

16) С какой еще традицией Востока познакомила Ми Сон гостей?

17) Почему Алексей сказал: «Весь город как на ладони»?

18) Какой комплимент сделал Алексей хозяйке дома?

19) Когда русские говорят: «Пора и честь знать»?

20) Как гости поблагодарили хозяев за приглашение?

2. *Найдите в диалоге урока глаголы движения с приставками, определите вид и время глаголов.*

3. *Прочитайте текст. Расскажите текст, используя глаголы движения: а) в прошедшем времени несовершенного вида; б) в прошедшем и будущем времени совершенного вида.*

1) Я выхожу из дома в половине девятого, перехожу через улицу, подхожу к остановке, сажусь в автобус и еду в офис.

2) Автобус отходит от остановки.

3) Я сажусь на свободное место около окна и читаю газету.

4) Через 15 минут я доезжаю до остановки.

5) Я выхожу из автобуса, прохожу мимо кинотеатра, перехожу через улицу, без десяти девять я вхожу в офис.

4. *Вместо точек вставьте один из глаголов, стоящих в скобках, в прошедшем времени.*

1) Каждый день к нашему дому в 8 часов ... автобус. Сегодня автобус опоздал, он ... в 8 часов 15 минут (подъезжать – подъехать).

2) Обычно я ... из университета в пять часов. Сегодня у нас было собрание, я ... из университета позже (уходить – уйти).

3) Мой друг лежал в больнице. По вторникам я ходил к нему и ... ему книги. В последний раз он попросил ... ему газеты. (приносить – принести).

4) Мальчик часто ... к окну и смотрел, как гуляют дети.

Когда он ... к окну, он увидел, что все его друзья уже ушли (подбегать –подбежать).

5. *Выполните упражнения по модели.*

Модель : - Виктор ездил в музей.

        - Когда он приехал из музея?

        - Он приехал из музея поздно.

или   - Виктор ездил к другу.

        - Когда он приехал от друга?

        - Он приехал от друга в 10 часов.

1) Нина ходила на почту.

2) Ми Сон ходила к Нине.

3) Ким Нам Су ездил в Пусан.

4) Он ездил к сестре.

5) Нина ходила к врачу.

6) Она ходила в больницу.

6. *Закончите диалог, используя следующие словосочетания:* *х о д и т ь   к   з у б н о м у   в р а ч у ; е з д и т ь к с е с т р е ; х о д и т ь   к   с в о е й   п о д р у г е ; е з д и т ь   к   с в о и м   р о д и т е л я м.*

Модель : - Борис ездил к своему брату.

        - Да?! Он был у своего брата?! А я и не знал. Когда он приехал от него?

        - Недавно.

7. *Спросите друг друга, где вы отдыхали и когда вернулись. В диалоге используйте следующие словосочетания: о т д ы х а т ь   н а   о с т р о в е   Ч е д ж у,   н а   В о с т о ч н о м   м о р е;   н а   ю г е;   н а д а ч е;   в е р н у т ь с я   н е с к о л ь к о   д н е й   н а з а д,   н е д е л ю   н а з а д,   м е с я ц   н а з а д.*

Модель : - Где ты отдыхал?

- Я отдыхал в деревне

- А когда вернулся?

- Я вернулся неделю назад.

8. *Вместо точек поставьте глаголы: п р о х о д и т ь, в ы х о д и т ь,   п р и х о д и т ь.*

1) В моей квартире отопление ... под полом.

2) Окна моей квартиры ... в парк.

3) Друзья ... к нам в гости.

4) Все двери наших комнат ... в прихожую.

5) Каждый день Ким Нам Су ... с работы в 7 часов.

9. *Поставьте вопросы к следующим предложениям – ответам.*

...? – Да, в Москве мы часто ходили в гости.

...? – Мы живём недалеко от станции метро.

...? – Да, в квартире все удобства.

...? – Наша квартира на пятом этаже.

…? – В нашей квартире две комнаты.

…? – Окна квартиры выходят на улицу.

10. *Переведите на русский язык.*

- 들어오세요, (웃옷을) 벗으세요. 여러분이 오셔서 매우 기쁩니다.
- 감사합니다.
- 안으로 들어오세요.
- 매우 큰 아파트를 갖고 계시군요.
- 바닥이 참 따뜻하네요.
- 네, 바닥에 난방이 지나갑니다.
- 이곳이 부엌이고, 이곳이 제방입니다.
- 저기는 무엇이죠?
- 거기는 부모님 방입니다. 그리고 그 다음은 욕실과 화장실입니다.
- 당신은 모든 편의 시설을 갖춘 매우 쾌적하고 깨끗한 아파트를 가지고 계시네요.

Речевой этикет

Когда мы приглашаем	Когда мы отвечаем на приглашение
	согласие
Я хочу пригласить вас (тебя) ко мне (к нам) в гости; Приглашаем вас на вечер; на концерт; в ресторан.	Спасибо. С удовольствием С радостью. Обязательно приду.

Пошли (поехали).
Приходи(те); приезжай(те).
Заходи(те), пожалуйста, мы всегда вам рады.
Проходите, пожалуйста, садитесь.

Спасибо, как-нибудь в другой раз.
Вряд ли я смогу. Очень занят.
К сожалению, я не смогу.

Задания

1. *Ответьте на приглашение согласием.*

- В субботу я приглашаю вас к себе на день рождения.
- ... .
- Что вы делаете в воскресенье? Мы с женой хотим пригласить вас в ресторан.
- ... .
- По субботам мы всегда дома. Заходите к нам, мы всегда рады вас видеть.
- ... .
- О, как я рада вас всех видеть! Проходите, пожалуйста, садитесь.
- ... .

2. *Закончите разговор приглашением. Откажитесь от приглашения. Объясните, почему вы отказываетесь.*

1) У меня есть два билета на концерт ... .
2) В воскресенье у меня будут все наши старые друзья ... .

3) Теперь мы живём в новой квартире … .

4) На этой улице есть прекрасный парк … .

Работа с текстом.

Читая текст, выделите наиболее важные, по вашему мнению, факты.

Дом. Квартира

Ким Нам Су и Чо Ми Сон пригласили к себе в гости русских друзей. Алексей и Нина были рады. Они давно хотели узнать, как живут корейцы. В Москве Ивановы часто ходили в гости и приглашали к себе друзей.

Ким Нам Су дал Алексею свой адрес и объяснил, как найти их дом. Ким Нам Су и Чо Ми Сон жили недалеко от станции метро Шилим в многоэтажном доме на горе. Алексей и Нина легко нашли этот дом. Они вышли из метро и пошли на остановку автобуса. Они проехали четыре остановки.

Когда они вошли в прихожую, Чо Ми Сон познакомила гостей с корейской традицией: снимать обувь.

Народы Востока часто сидят на циновках, едят за маленькими столиками, спят на полу, поэтому в доме должно быть очень чисто.

Зимой пол в квартире тёплый, потому что под ним проходит отопление. Корейцы часто ходят босиком.

Алексей рассказал, что в России тоже снимают обувь в

прихожей, но надевают домашние тапочки.

У Ким Нам Су и Чо Ми Сон небольшая, но очень уютная квартира. В квартире все удобства: ванная комната, кухня-столовая, туалет. В квартире две комнаты, есть прихожая, балкон. В кухне-столовой корейцы обычно готовят еду и обедают. В одной комнате Ким Нам Су и Чо Ми Сон спят, а в другой – кабинет Ким Нам Су. Когда у них будет ребёнок, эта комната станет детской комнатой.

Нине понравилась картина на стене комнаты. Этот пейзаж в традиционном корейском стиле нарисовала Чо Ми Сон. Она любит рисовать и хорошо рисует. Нине и Алексею очень понравился вечер. Они хорошо отдохнули и узнали много нового о Корее. Алексей сказал Чо Ми Сон, что она прекрасная хозяйка. Ивановым понравилась квартира друзей и корейская кухня. Они пригласили к себе в гости корейских друзей.

Задание

1. *Расскажите о квартире Ким Нам Су и его жены от лица Нины.*

2. *Расскажите о традициях в семье Ким Нам Су от лица хозяйки дома.*

3. *Расскажите о себе с помощью следующих вопросов.*

В каком доме вы живёте (в новом или в старом)? В каком доме вы жили раньше? В каком районе находится ваш дом? Сколько этажей в вашем доме? На каком этаже находится ваша квартира? Сколько комнат в вашей квартире? У вас есть рабочий кабинет? Какая мебель есть в вашей квартире? Какие удобства есть в вашей квартире? Вы любите приглашать гостей? Вы любите ходить в гости? У кого вы были в гостях в последний раз?

4. _Напишите рассказ о том, как вы были в гостях._

Разговор по телефону

Алло!

Алексей : Алло! Здравствуй. Извини за беспокойство. Это говорит Алексей.

Ми Сон : Здравствуй, Алексей. Как дела?

Алексей : Спасибо, нормально. А как ты? Как Нам Су?

Ми Сон : У нас тоже всё хорошо. Тебе нужен Нам Су?

Алексей : Да, попроси его, пожалуйста, к телефону. Он дома?

Ми Сон : Ты, наверное, забыл. Он сегодня вечером занимается на курсах русского языка.

Алексей : Я не забыл, но я думал, он уже пришёл с курсов.

Ми Сон :	Нам Су ещё хотел зайти к соседу. Но он скоро должен прийти. Что ему передать?
Алексей :	Когда он придёт от соседа, пусть позвонит мне.
Ми Сон :	Я обязательно передам. Не клади трубку! Нина дома? Я хочу поговорить с ней. Позови, пожалуйста, её к телефону.
Алексей :	Минуточку. Сейчас она подойдёт к телефону.
Нина :	Привет, Ми Сон. Рада слышать тебя. Что новенького?
Ми Сон :	Я хочу попросить тебя помочь мне.
Нина :	Да, пожалуйста.
Ми Сон :	Ты знаешь, что в субботу у меня будут гости. К нам придут друзья. Вас мы тоже пригласили.
Нина :	Да, я помню. Спасибо за приглашение. Мы обязательно придём к вам.
Ми Сон :	Не сможешь ли ты прийти ко мне пораньше и помочь приготовить для гостей русские блины?
Нина :	Конечно, приду.
Ми Сон :	Ну, тогда до субботы. Подожди, подожди! Вот и Нам Су пришёл. Я передаю ему трубку. Позови Алексея.
Алексей :	Добрый вечер, Нам Су. Ну как твой русский язык?
Ким :	Я делаю успехи, говорит преподаватель. Что - нибудь случилось?
Алексей :	Ничего особенного. Наш директор фирмы уже вернулся из Пусана?
Ким :	Да, сегодня вечером.

Алексей : Мне надо посоветоваться с тобой.

Ким : Да, пожалуйста.

Алексей : Завтра я хочу пойти к нему и поговорить о нашем новом продукте. Я могу рассказать ему, что я думаю об этом?

Ким : Конечно. Почему бы и нет!? Говори с ним откровенно и не волнуйся. Ты правильно думаешь.

Алексей : Спасибо за совет. Я так и сделаю.

Ким : Не за что. Всегда рад помочь.

Алексей : Ну, хорошо. До свидания.

Слова к диалогу

Извини́те за беспоко́йство 폐를 끼쳐 죄송합니다.

Что ему переда́ть? 그에게 뭐라고 전할까요?

Попроси́те к телефо́ну 전화 받으라고 해주세요, 전화 바꿔주세요

ра́зве 과연, 정말

зайти́ к кому ~에게 들르다

Не клади́те тру́бку 수화기를 내려놓지 마세요, 전화 끊지 마세요

Пусть позвони́т 전화하도록 해주세요

переда́ть тру́бку кому ~에게 수화기를 주다, 전화 바꿔 주다

переда́ть приве́т 안부를 전하다

посове́товаться с кем 상의하다, 조언을 구하다

подойти́ к телефо́ну 전화 받으러 오다

Что но́венького? 새로운 소식 있나요?

успе́х 성공, 좋은 결과

де́лать успе́хи 향상하다, 진보하다

проду́кт 생산품, 식료품(복)

открове́нно 숨김없이, 솔직히

волнова́ться 흥분하다

Не волну́йся! 흥분하지 마라!

Грамматика

동사의 접두사와 전치사

Куда?	Откуда?
Он вошёл в библиотеку	Он вышел из библиотеки
Она пришла на работу (в театр)	Она ушла с работы (из театра)
Он подошёл к окну	Он отошёл от окна

Выражение места и направления:

Где? У кого?		Куда? К кому?		Откуда? От кого?	
Он был	в театре на собрании у врача	Он пришёл	в театр на собрание к врачу	Он ушёл	из театра с собрания от врача
Мы были	у театра около театра напротив театра	Мы подошли	к театру.	Мы отошли	от театра

Упражнения

1. *Ответьте на вопросы к диалогу.*

1) Кому позвонил Алексей?

2) Кто подошёл к телефону, когда он позвонил?

3) Почему Ми Сон не могла позвать Нам Су к телефону?

4) Что попросил Алексей передать Нам Су?

5) Почему Ми Сон попросила Алексея не класть трубку?

6) О чём говорили Нина и Ми Сон?

7) Почему Ми Сон попросила Нину прийти к ней в субботу пораньше?

8) Что сделала Ми Сон, когда Нам Су пришёл домой с курсов?

9) О чём разговаривали по телефону Нам Су и Алексей?

10) Что узнал Алексей у Нам Су?

11) Почему Алексей решил идти к директору фирмы?

12) Какой совет дал Нам Су Алексею? (Что посоветовал Нам Су)?

2. *Прочитайте предложения. Определите время и вид глаголов движения. Поставьте вопросы к выделенным существительным (местоимениям).*

1) Мы выехали из Сеула очень рано, в 8 часов.

2) Автобус привёз нас в аэропорт Кимпхо.

3) Из Сеула в Пусан мы летели на самолёте.

4) Самолет вылетел из Сеула в 9 часов, а в 10 часов мы уже прилетели в Пусан.

5) Пусан – это морской порт на восточном побережье.

6) Мы долго ходили по Пусану.

7) Когда мы пришли в порт, было уже поздно.

8) Там мы сели на паром.

9) На пароме мы плыли несколько часов.

10) Мы разговаривали, смеялись, пели, и вот мы приплыли на остров Чеджу.

11) Мы много ходили и ездили по этому красивому острову.

12) В Сеул мы прилетели через 5 дней.

3. Ответьте на вопросы, используя слова, данные в скобках.

1) Куда ходила Нина? Где она была? Откуда она пришла (врач, поликлиника).

2) Куда ездил Ким Нам Су? Где он был? Откуда он приехал? (командировка, Москва).

3) Куда Ким Нам Су ходит по вторникам? Где он бывает каждый вторник? Откуда он идёт? (Курсы русского языка, преподаватель).

4. Подтвердите.

Модель : - Нина ходила к врачу в больницу?

- Да, она была у врача в больнице.

1) Ким Нам Су ходил к преподавателю на консультацию?

2) Ивановы ходили в гости к друзьям?

3) Ким Нам Су ездил к родителям в Сувон?

4) Алексей ходил к директору на фирму?

5. *Составьте предложения, употребляются глаголы п р и й т и – у й т и, п р и е х а т ь – у е х а т ь, в о й т и – в ы й т и.*

Модель : - Нина была в магазине. Сейчас она дома.

- Нина пришла домой из магазина.

а) Девять часов утра. Ким на работе.

б) Он был на работе. Сейчас он дома.

в) Ми Сон в школе на уроке. Через час она закончит работу.

г) Ким живёт в Сеуле. Сейчас он в командировке в Москве.

6. *Замените глагол б ы т ь глаголами х о д и т ь и е з д и т ь в прошедшем времени.*

1) Нина была в больнице у врача.

2) Ким, где ты был? Я был у соседа дома.

3) Антон, ты был у друга? Да, я вчера был у него.

4) Ми Сон была на фирме у мужа.

5) Нина была у подруги в школе.

7. *Составьте диалоги по заданным ситуациям.*

Модель : - Откуда ты идёшь?

- Из больницы от врача.

- Ты тоже был в больнице?

- Нет, я был у врача вчера.

- Почему же ты не сказал мне, что пойдёшь в больницу к врачу? Пошли бы вместе.

1) Вы были в школе, где работает Ми Сон.

2) Вы были на фирме, где работает Ким Нам Су.

3) Вы были в больнице у Нины, которая заболела.

4) Вы были на консультации у преподавателя.

8. Составьте предложения со словом п у с т ь вместо придаточных предложений с союзом ч т о б ы.

Модель : Ми Сон, скажите Нам Су, *чтобы* он позвонил мне.

Ми Сон, скажите Нам Су, *пусть* он позвонит мне.

1) Передайте Киму, чтобы он зашёл ко мне.

2) Скажите брату, чтобы он купил билет в театр.

3) Скажите Нине, чтобы она принимала это лекарство.

4) Скажите друзьям, чтобы они посмотрели новый фильм.

9. Вставьте слова п у с т ь или д а в а й т е. Обратите внимание, когда мы предлагаем совместно сделать что-либо, мы говорим: Давай(те) купим, посмотрим, сделаем и т.д.

1) ... позвоним родителям в Москву.

2) ... они едут на метро, а мы поедем на такси.

3) ... пойдём в субботу в кино.

4) ... Нина придёт в воскресенье на два часа раньше.

5) ... купим этот костюм.

10. *Составьте диалоги, высказав свои предположения.*

Модель : - Давайте пойдём в кино.

           - Прекрасно. Пусть Алексей купит билеты.

1) Предложите пойти на выставку.

2) Предложите вместе поехать на стадион.

3) Предложите вместе смотреть телевизор.

4) Предложите вместе праздновать день рождения.

5) Предложите вместе провести вечер.

11. *Поставьте вопросы к следующим предложениям - ответам.*

...? - Нет, его ещё нет дома.

...? - Передайте, пожалуйста, что звонил школьный товарищ.

...? - Он звонил два часа назад.

...? - Это звонит его жена.

...? - Пусть позвонит вечером.

12. *Переведите на русский язык.*

- 나타샤를 바꿔 주세요.

- 집에 없는데요. 그녀는 점심 후에 돌아올 겁니다. 뭐라고 그녀
에게 전할까요?

- 여동생에게 전화하게 해주세요.

- 좋아요. 꼭 전할게요.

- 여보세요!

- 니나 좀 바꿔주세요.

- 잠깐 기다리세요. 지금 그녀가 오고 있습니다. 니나야, 전화 받아라.

Речевой этикет

Когда мы благодарим	Когда мы отвечаем на благодарность
Спасибо!	Пожалуйста.
Большое спасибо!	Не́ за что.
Огромное спасибо!	Не стоит.
Я хочу поблагодарить вас (тебя) за совет,	Ну что вы, пожалуйста!
за помощь,	Очень рад(а), что помог(ла) вам (тебе)!
за приглашение.	

Задания

1. *Выбрав одну из форм обращения, поблагодарите человека: а) который пригласил вас в гости; б) который помог вам; в) который посоветовал вам купить хорошую книгу; г) который подарил вам цветы.*

2. *Что вы скажите в ответ на благодарность.*

1) Я хочу поблагодарить вас за помощь. ... .

2) Разрешите поблагодарить вас за цветы. ... .

3) Огромное спасибо за книгу. ... .

Работа с текстом

Читая текст, выделите наиболее важные, по вашему мнению, факты.

Разговор по телефону

Когда Алексей позвонил Ким Нам Су по телефону, его не было дома. В этот день вечером Ким Нам Су обычно ходит на курсы русского языка. Алексей помнил это, но он думал, что Ким Нам Су уже пришёл с курсов.

Трубку взяла жена Ким Нам Су и сказала, что его ещё нет дома. После курсов он хотел зайти к соседу. Чо Ми Сон хотела помочь русскому другу, но Алексей попросил, чтобы Ким Нам Су позвонил ему, когда придёт от соседа.

Чо Ми Сон хотела поговорить с Ниной. Чо Ми Сон пригласила гостей и хотела угостить их русскими блинами. Она ела блины у своих русских друзей, и они ей очень понравились. Она попросила Нину помочь ей приготовить это русское блюдо. Нина сказала, что поможет подруге.

Потом пришёл домой Ким Нам Су, и Чо Ми Сон передала трубку мужу. Нина позвала Алексея к телефону. Алексею надо было посоветоваться с другом, как разговаривать завтра с директором фирмы. Ким Нам Су дал ему хороший совет. Алексей поблагодарил Ким Нам Су за совет. Ким Нам Су попросил передать привет Нине и попрощался.

Задания

1. Расскажите: а) о разговоре Ми Сон и Алексея; б) о разговоре Ми Сон и Нины; в) о разговоре Ким Нам Су и Алексея.

2. Расскажите о себе с помощью следующих вопросов.

У вас дома есть телефон? Какой у вас номер телефона? Вы часто звоните по телефону? Вам часто звонят? Кому вы обычно звоните? Кому вы звонили последний раз? Кто подошёл к телефону, когда вы позвонили? (Кто взял трубку?) Почему вы сказали: "Пусть он мне позвонит"?

3. Напишите рассказ, используя вопросы из упражнения 2.

Пишите письма

Ми Сон : Нина! Ты так много написала писем! Кому ты их написала?

Нина : Разве это много? Всего шесть. Тут четыре моих письма и два – Алексея. Одно я посылаю родителям, другое – сестре, третье – в театр друзьям и четвёртое – подруге.

Ми Сон : Ты часто переписываешься с друзьями?

Нина : Редко. Но мы всегда посылаем друг другу поздравительные открытки к праздникам.

Ми Сон : Очень хорошо. А что ты несёшь?

Нина :	Это сувениры. Ты помнишь, мы вместе покупали их в магазине на Итхэвоне.
Ми Сон :	Да, помню. Ты тогда купила много красивых сувениров. Ты их все принесла!
Нина :	Да, почти все. Я хочу послать их бандеролью.
Ми Сон :	Тебе помочь донести?
Нина :	Нет, спасибо. Они очень лёгкие.
Ми Сон :	Это подарки к Новому году?
Нина :	Да, скоро Новый год, и я хочу поздравить всех с праздником и послать в Москву всем подарки. Ты обещала помочь мне.
Ми Сон :	Конечно, помогу. Сначала надо посмотреть конверты. Ты всё сделала правильно. Есть индекс, адрес, фамилия, имя и отчество адресата и твой обратный адрес в Корее.
Нина :	Теперь надо купить марки?
Ми Сон :	Да, вон у той девушки. Простите, я хочу отправить письма в Москву. Сколько стоят марки? Вот деньги, спасибо.
Нина :	Давай я наклею их. Куда теперь опускать письма?
Ми Сон :	Вот почтовые ящики. Они разного цвета. Один для местных писем, другой – для международных. Он оранжевого цвета. Опускай в него.
Нина :	Я видела такие ящики на улице.
Ми Сон :	Да, они стоят и около вашего дома. В следующий раз, если у тебя будут марки, можешь опускать письма там и не возить их на почту.

Нина :	Хорошо. А что делать с сувенирами?
Ми Сон :	Давай их мне. Вот эту девушку попросим упаковать их. Пожалуйста, упакуйте эти сувениры. Теперь напишем адрес и дадим девушке обратно.
Нина :	Адрес? Одну минуточку. Где же моя записная книжка? Там все адреса!
Ми Сон :	Может быть, ты забыла дома?
Нина :	Нет, я всегда ношу её с собой. Вот она.
Ми Сон :	Хорошо. Пиши.
Нина :	Ми Сон, спроси, сколько времени бандероль (посылка) идёт в Москву.
Ми Сон :	До Нового года твои друзья обязательно получат посылки.
Нина :	Смотри, Ми Сон, девушка уже взвесила бандероль и даёт нам квитанцию. Сколько я должна заплатить?
Ми Сон :	20,000 вон.
Нина :	Вот деньги. Спасибо за помощь. В следующий раз я смогу послать письмо сама.
Ми Сон :	Что ты, Нина! Я тебе всегда рада помочь. Проси меня, когда тебе будет нужно.

Слова к диалогу

посылать ⎫
послать ⎭ *письмо́, посы́лку, бандеро́ль* *кому, куда*
편지, 소포를 부치다

перепи́сываться *с кем* ~와 편지를 주고받다

поздрави́тельная откры́тка 축하 엽서

поздравля́ть с пра́здником *кого* 명절을 축하하다

обеща́ть *кому, что* + *инф.* 약속하다

конве́рт 편지 봉투

и́ндекс 우편 번호, 색인, 목록

обра́тный а́дрес 반송 주소

ма́рка 우표

отпра́вить *что, куда* 보내다, 발송하다

накле́ить *что, куда* (풀칠하여) 붙이다

опуска́ть письмо́ в почто́вый я́щик 우체통에 편지를 넣다

почто́вый я́щик для ме́стных пи́сем, (для междунаро́дных пи́сем) 국내우편용(국제우편용) 우체통

цвет 색, 색깔

упако́вывать ⎫
упакова́ть ⎭ *что* 포장하다, 싸다

посы́лка 소포

квита́нция 영수증

взве́сить *что* 무게를 달다

плати́ть ⎫
заплати́ть ⎭ *что, кому* 지불하다

помога́ть ⎫
помо́чь ⎭ *кому* + *инф.* 돕다, 도와주다

Грамматика

운동 동사와 접두사

	Совершенный вид	*Несовершенный вид*
	приставка + нести	*приставка* + носить
при-	принести	приносить
у-	унести	уносить
в-	внести	вносить
вы-	вынести	выносить
под-	поднести	подносить
от-	отнести	относить
про-	пронести	проносить
за-	занести	заносить
пере-	перенести	переносить

Упражнения

1. *Ответьте на вопросы к диалогу.*

1) Почему вместе с Ниной на почту пришла Ми Сон?

2) Кому Нина хочет послать письма?

3) Кому Алексей написал письма?

4) Сколько писем принесла Нина на почту?

5) Что Нина хочет послать бандеролью?

6) Что Нина написала на конверте?

7) Какого цвета ящики для местных писем?

8) В какой ящик Нина опустила свои письма? Почему?

9) Как Нина послала свои сувениры?

10) Что должен сделать работник почты, чтобы послать сувениры бандеролью?

11) Сколко дней идёт бандероль из Сеула в Москву?

12) Нина была благодарна корейской подруге за помощь?

13) Что она сказала?

2. Восстановите диалоги, вставив вместо точек глаголы. Обратите внимание, что глаголы с префиксом и без него обозначают : н е с т и - движение пешком, а в е з т и - движение на транспорте.

принести – привезти

А

- Ми Сон, откуда у тебя такой красивый альбом с видами Москвы?

- Нина приехала из Москвы и … мне его.

Б

- Нина, какой вкусный торт!

- Это приходила Ми Сон и … торт к чаю.

приносить – привозить

А

- Ми Сон, какой красивый календарь!

- Это приехала моя подруга из Пусана и привезла его мне.
- Она всегда, когда приезжает, … мне подарок.

Б

- Виктор, у тебя билет на футбол?!
- Да, приходил Андрей и принёс этот билет. Он всегда, когда приходит, … мне или билет в театр, или билет на футбол.

унести – увезти

А

- Виктор, почему ты не был на футболе?
- Знаешь, мой брат уехал вчера в Сувон и случайно … с собой мой билет.

Б

- Наташа, а где наши фотографии, которые ты показывала мне?
- Только что приходила Катя и … с собой все фотографии.

отнести – отвезти

А

- Нина, ты послала письма?
- Да, я ходила вчера на почту и … все письма.

Б

- Нам Су, ты поедешь в Москву?
- Да, через две недели.
- …, пожалуйста, этот сувенир моей подруге.

3. *Разыграйте ситуацию. Выразите свою готовность*

выполнить нужное действие.

Модель : - Книги нужно отнести в библиотеку.

- Давайте я отнесу.

- Отнеси.

1) Документы нужно отвезти в офис.

2) Детей нужно отвести домой.

3) Старые газеты и журналы нужно унести.

4) Больному нужно принести лекарство.

4. *Прочитайте разговор двух "правдивых" друзей. Расскажите диалог, используйте глаголы относить — отнести.*

- Здравствуй, Павел! Как поживаешь?

- Хорошо. А ты?

- Прекрасно. Ты знаешь, я купил удивительную собаку: она относит мои письма на почту и опускает их в почтовый ящик.

- Ты знаешь, и моя собака тоже!

- Нет, ты послушай дальше! Однажды я дал своей собаке письмо и сказал: "Отнеси на почту и брось в ящик!" Она посмотрела на письмо, но не взяла его: на письме не было марки.

- Ну, моя собака умнее. Однажды, я дал ей письмо и сказал: "Отнеси на почту и брось в ящик". Но она не взяла письмо. Знаешь почему? Я неправильно написал адрес, и моя собака это поняла!

5. Поставьте вопросы к следующим предложениям – ответам.

...? – Нина написала письма родителям, сёстрам и подруге.

...? – Ещё она принесла на почту сувениры.

...? – Сначала Нина написала на конверте свой обратный адрес.

...? – Потом она написала адрес брата.

...? – Нина наклеила марки на конверты.

...? – Она опустила письма в оранжевый ящик.

...? – Бандероль упаковала и взвесила служащая.

...? – Бандероль придёт в Москву до Нового года.

6. Переведите на русский язык.

- 너는 친구들과 자주 편지를 주고받니?
- 아니, 가끔. 하지만, 나는 항상 친구들에게 명절 축하엽서를 보내.
- 그건 좋은 관습이야.
- 나는 오늘 모스크바에 편지 두 통, 키예프에 편지 한 통을 보내고 싶어.
- 우표를 붙여야 해. 내가 그것들을 붙일게.
- 고마워.
- 이 편지들을 국제 우편용 우체통에 넣어야 해.

Речевой этикет

Когда мы поздравляем	Когда мы отвечаем на поздравления
От всей души, от всего сердца поздравляю (-ем) тебя (вас) с праздником! Разрешите поздравить вас с днём рождения; с Новым годом; с окончанием университета! Желаю вам счастья, успехов!	Спасибо! Спасибо за поздравления! Спасибо! И вас также!

Задания

1. *Поздравьте человека, у которого сегодня день рождения; который окончил университет; родителей с Новым годом; подругу с праздником.*

2. *Что вы скажите в ответ на поздравления?*

1) Поздравляю тебя с окончанием школы! ... .

2) Разрешите поздравить вас с праздником! ... .

3) Поздравляю вас с Новым годом! Желаю вам счастья, здоровья! ...

4) Поздравляю с днём рождения! ... .

Работа с текстом

Читая текст, выделите наиболее важные, по вашему мнению, факты.

На почте

Скоро Новый год. Нина написала письма родителям, сестре, подруге и друзьям в театр. Алексей тоже написал два письма. И ещё Нина решила послать в Москву корейские сувениры. Она принесла на почту все сувениры, которые купила на улице Итхэвон.

Нина попросила свою подругу Чо Ми Сон пойти с ней на почту и помочь послать письма и сувениры в Москву.

Когда подруги пришли на почту, они сначала решили послать письма. Чо Ми Сон проверила конверты. Там было всё правильно: индекс, адрес, фамилия, имя и отчество адресата и обратный адрес Нины в Корее. Но не было марок. Чо Ми Сон попросила служащую продать им марки для писем в Москву. Потом Нина наклеила их на конверт, а Чо Ми Сон показала Нине ящик. Она объяснила, что ящики разного цвета. Один для местных писем, а другой, оранжевый, для международных. Нина опустила свои письма в оранжевый ящик. Она видела такие ящики на улицах Сеула и около своего дома. Чо Ми Сон объяснила, что Нина может опускать свои письма на улице, если на конвертах будет марка.

Потом Чо Ми Сон попросила служащего упаковать

сувениры. Нина написала на бандероли адрес и отдала посылку обратно. Служащая взвесила бандероль и дала квитанцию. Нина заплатила.

Она спросила у Чо Ми Сон, придёт ли бандероль в Москву до Нового года. Чо Ми Сон ответила, что обязательно придёт, потому что до Нового года ещё много времени.

Нина поблагодарила подругу за помощь. Чо Ми Сон сказала, что рада помочь Нине.

Задания

1. *Употребляя следующие слова и словосочетания, расскажите как Ми Сон помогала Нине отправить а) письма (проверить; купить марки; наклеить марки на; объяснить; опустить письма в оранжевый ящик) ; б) принести на почту бандероль (упаковать сувениры; написать адрес на; взвесить бандероль; служащая; квитанция; бандероль придёт).*

2. *Расскажите о событии, которое описано в тексте от имени Нины.*

3. *Расскажите о себе с помощью следующих вопросов.*

С кем вы переписываетесь? Вы часто получаете письма? Когда вы получили последнее письмо от друга? Вы часто ходите на почту? Куда вы опускаете письма? Вы любите писать письма? Куда и кому вы послали последнее письмо?

Вы любите получать письма? Вы отвечаете на все письма? Вы посылаете родителям поздравительные открытки? Что можно послать бандеролью? Почтальон приносит бандероль домой или вы должны идти на почту? Как вы посылаете письма в другую страну? Вы должны нести письмо на почту или вы можете опустить его в почтовый ящик? В какой? Как вы должны написать адрес на конверте?

4. *Напишите рассказ о вашей переписке. Используйте следующие слова и выражения: получить письмо от ...; Новый год ; ответить на письмо ; опустить письмо в ящик ; переписываться ; обратный адрес; поздравительная открытка ; письмо идёт семь дней.*

Пойдём в кино

Ким :	Алло! Это ты, Алексей? Добрый вечер!
Алексей :	Добрый вечер!
Ким :	Что вы делаете в субботу? Вы куда-нибудь идёте?
Алексей :	Никуда не идём. Будем дома. А что?
Ким :	Давайте пойдём в кино.
Алексей :	В кино? Это прекрасная идея. А что мы будем смотреть? Как называется фильм?
Ким :	Что вы с Ниной любите: комедии, исторические фильмы, фантастику, о любви, боевики или мультфильмы?
Алексей :	Мы любим добрые и весёлые фильмы.

Ким :	Вы когда-нибудь раньше видели корейские фильмы?
Алексей :	Нет, к сожалению, никогда не видели. И я никого не знаю из современных корейских артистов.
Ким :	А на кинофестивале вы были?
Алексей :	На московском фестивале демонстрировали (показывали) корейский фильм. Но мы с Ниной не посмотрели.
Ким :	Очень жаль. У нас на киностудии сейчас работают молодые талантливые режиссёры. Они делают хорошие фильмы.
Алексей :	Да, я читал. Ваши кинокартины демонстрировали на международных фестивалях в Каннах, Чикаго, Лондоне, Токио, Москве и других городах.
Ким :	Да, корейские фильмы получают призы.
Алексей :	Я слышал об этом. У вас хорошая киностудия.
Ким :	Современная.
Алексей :	Когда вы сделали свой первый фильм?
Ким :	В 1919 году. Он называется "Справедливая месть".
Алексей :	Много корейцев ходят смотреть фильмы в кинотеатры?
Ким :	Ты знаешь, что у всех киностудий мира серьёзные проблемы. Из-за телевидения.
Алексей :	Да-да. Ты прав.
Ким :	Конечно, все люди больше любят смотреть телевизор дома, чем ходить в кино. Скажи, москвичи часто ходят в кино?

Алексей :	Да как все: большинство сидит дома у своих телевизоров.
Ким :	Корейцы тоже. Это проблема (кинокомпаний) всех стран.
Алексей :	А в нашей семье ещё одна проблема : Нина работает в театре, поэтому её часто вечером нет дома.
Ким :	А как же ты, Алексей?
Алексей :	Сижу дома и смотрю телевизор или сижу в театре и смотрю на свою жену.
Ким :	Так ты счастливый! Часто бываешь в театре.
Алексей :	Конечно, счастливый. Какой же фильм мы будем смотреть? Мне хотелось бы какой-нибудь исторический.
Ким :	Отлично! Сейчас на экранах Сеула идёт фильм об адмирале Ли Сун Сине. Адмирал жил в 16 веке. Тогда была война между Кореей и Японией. Война шла семь лет. Адмирал руководил операциями на море.
Алексей :	Я думаю, этот фильм стоит посмотреть. Я люблю фильмы про войну.
Ким :	Я возьму билеты на вечерний сеанс.
Алексей :	Значит, до субботы.

Слова к диалогу

коме́дия 코미디

фанта́стика 공상 영화, 공상 소설

боеви́к 액션물

мультфи́льм 만화 영화, 애니메이션

до́брый 선량한, 호의적인

весёлый 유쾌한, 즐거운

киносту́дия 영화 스튜디오

тала́нтливый 재능 있는, 재주가 많은

совреме́нный 현대식의

режиссёр 감독

приз 상, 상품, 상금

демонстри́ровать что 시사회를 하다

большинство́ 대부분, 대다수

на экра́нах Сеу́ла идёт но́вый фильм 서울의 영화관에 새 영화가 상영되고 있다

век 세기

руководи́тель 지도자, 감독자

сеа́нс 상영, 상영시간

фильм сто́ит посмотре́ть 영화가 볼만한 가치가 있다, 볼만한 영화이다

Грамматика

대명사 '*весь*'의 격변화

Падеж	Мужской и средний род		Женский род	Мн. число
И.п.	весь	всё	вся	все
Р.п.	всего		всей	всех
Д.п.	всему		всей	всем
В.п.	весь	всё	всю	все или всех
Т.п.	всем		всей	всеми
П.п.	обо всём		обо всей	обо всех

대명사 '*весь*'의 용법

м.р.	Мы работали *весь* день.
ж.р.	*Вся* группа была в кино.
ср.р.	Он сделал *всё* упражнение.
Мн.ч.	*Все* студенты были в кино.

대명사 '*никто, ничто*'의 격변화

И.п.	никто	ничто
Р.п.	никого, ни у кого	ничего, ни для чего
Д.п.	никому, ни к кому	ничему, ни к чему
В.п.	никого	ничто
Т.п.	никем, ни с кем	ничем, ни с чем
П.п.	ни о ком	ни о чём

대명사 '*никто, ничто*',
부사 '*нигде, никуда, никогда*'의 용법

Я **никому не** писал.
Я **ни к кому не** ходил.

Я **никого не** видел.
Я **ни у кого не** был.

Я **ничем не** интересовался.
Я **ни с кем не** разговаривал.

Я **никуда не** ходил.
Я **нигде не** был.
Я **никогда не** встречал его.

Упражнения

1. Дайте ответы на вопросы к диалогу.

1) Кто пригласил в кино Нину и Алексея?

2) Какие фильмы любят смотреть Нина и её муж?

3) Какие корейские фильмы они смотрели?

4) Кого из корейских артистов они знают?

5) Какой фильм шёл в то время на экранах Сеула?

6) О чём рассказывает этот фильм?

7) В каком году корейцы сделали свой первый фильм?

8) Как он называется?

9) Что Ким рассказал о корейской киностудии?

10) В каких странах демонстрировали корейские современные фильмы?

11) Какие сейчас проблемы у всех киностудий мира?

12) Почему Алексей с женой редко ходят в кино?

13) Почему Ким сказал Алексею: "Ты счастливый!"

14) Какой фильм решили посмотреть друзья?

2. *Прочитайте предложения. Определите род, число, падеж местоимения в е с ь. Назовите предложения, в которых местоимения в с ё или в с е употребляются без существительных.*

1) Он прочитал все стихи.

2) Все уже видели этот фильм.

3) Этого артиста знает вся страна.

4) Всё свободное время он смотрит мультфильмы.

5) Нина уже познакомилась со всеми.

6) Я доволен всем, спасибо за всё.

3. *Уточните.*

Модель : - Нина прочитала книгу.
           - Всю книгу?

1) Студент написал упражнение.

2) Наташа написала письма.

3) Мы пошли в кино вместе с друзьями.

4) Поставьте вопросы к тексту.

5) Он выучил стихи.

6) Она спрашивала о друзьях.

4. Прочитайте предложения. Обратите внимание на употребление отрицательных местоимений н и к т о, н и ч т о.

1) Он ни с кем не поздоровался.
2) Вчера я ничего не сделала.
3) Никто не пришёл к нам.
4) Ни у кого не было вопросов.
5) Я никому не звонила и никого не просила помочь мне.
6) Мы ни о чём не думали.

5. Ответьте на вопросы отрицательно.

Модель : - Что вы купили?
- Я ничего не купил.

А

1) О чём вы спрашивали? 2) Что вы сделали?
3) Чем вы занимались? 4) Что он рассказал?
5) Что она прочитала? 6) Что он видел?

Б

1) О ком вы думали?
2) Кого встречали друзья?
3) К кому вы ходили?
4) У кого из вас есть билет в кино?
5) От кого вы получили письмо?

6) Кого вы спрашивали о новом фильме?

6. Вставьте вместо точек нужное отрицательное наречие : н и г д е, н и к у д а, н и к о г д а.

1) Нина недавно приехала в Сеул и ещё … не была.

2) Она … не была в театре в Сеуле.

3) Она плохо себя чувствует, поэтому завтра ... не пойдёт.

4) Мы … не поедем летом.

5) Я не могу найти книгу, её … нет.

7. Возразите.

Модель : - Я думал, что вы встретили брата.

- Я никого не встретил.

1) Я думал, что Нина знает корейских киноартистов.

2) Я думал, что ты занимаешься спортом.

3) Я думал, что ты ходил к врачу.

4) Я думал, что ты уже купил билет в кино.

5) Я думал, что ты написал ему.

6) Я думал, что ты разговаривал с преподавателем обо мне.

7) Я думал, что ты уже поблагодарил её за билеты в кино.

8. Возразите.

Модель : - Все пришли к нему?

- Нет, что вы! Никто не пришёл к нему.

1) Он всё сказал вам?   2) Все были дома?

3) Он видел всех?   4) Она увидела всё?

5) Всё лежало на столе?

9. Поставьте вопросы к следующим предложениям – ответам.

…? – Нет, я никуда не иду. Я буду дома.

…? – Больше всего я люблю исторические фильмы.

…? – Купи билеты на последний сеанс.

…? – Мы смотрели фильм “Справедливая месть”.

…? – Да, очень понравился.

…? – Я советую посмотреть новый боевик.

…? – Сейчас идёт фильм об адмирале Ли Сун Сине.

10. Переведите на русский язык.

- 요새 어떤 영화가 볼 만 합니까?

- 어떤 영화를 좋아하시는데요?

- 나는 유쾌한 영화를 좋아합니다.

- 지금 새 코미디 영화가 상영 중입니다. 매우 유쾌한 코미디라고 하더군요.

- 같이 갑시다!

- 기꺼이 그러지요.

- 제가 저녁 상영표를 사겠습니다.

Речевой этикет

Когда мы извиняемся	Когда мы отвечаем на извинения
Извините (простите), пожалуйста. Прошу прощения за ... . Я должен (должна) извиниться за то, что я опоздал(а) ... . Я виноват перед вами (тобой).	Пожалуйста! Ничего. Ну что вы (ты)! Не стоит извиняться. Ничего страшного.

Задания

1. Извинитесь перед преподавателем за опоздание; перед подругой за то, что вы ей не позвонили; перед друзьями за то, что вы редко пишете.

2. Ответьте на извинение.

1) Прошу прощения, но я не могу завтра прийти.

2) Простите за опоздание.

3) Извините за то, что я звоню вам так поздно.

4) Я должна извиниться за то, что я не вернула вам книгу.

Работа с текстом

Читая текст, выделите наиболее важные, по вашему мнению, факты.

Кино

Ким Нам Су и Чо Ми Сон пригласили своих русских друзей в кино. Ким Нам Су позвонил Алексею и спросил, какие фильмы он и его жена любят смотреть. Алексей ответил, что добрые и весёлые.

Друзья решили, что все они пойдут смотреть корейский исторический фильм. На экранах Сеула шёл фильм об адмирале Ли Сун Сине. Адмирал жил в 16 веке. Тогда была война между Кореей и Японией. Война продолжалась (шла) 7 лет. Адмирал руководил операциями на море. Алексей сказал, что он любит исторические фильмы о войне.

В Корее есть киностудия. Она очень современная. Первый свой фильм корейцы сделали в 1919 году. Он назывался "Справедливая месть". Сейчас на студии работают молодые, талантливые режиссёры. Они делают хорошие фильмы. Корейские кинокартины демонстрировали на международных фестивалях в Каннах, Чикаго, Лондоне, Токио, Москве и других городах. Многие фильмы получили призы.

Конечно, на всех киностудиях мира сейчас серьёзные проблемы. Люди больше любят смотреть телевизор, чем ходить в кино.

В Москве Алексей ходил с женой в кино нечасто. Он любит после работы отдыхать дома около своего телевизора. У них в семье есть проблема: Нина часто работает в театре вечером. Алексей или сидит один дома и смотрит телевизор, или идёт в театр и смотрит на свою жену, и думает, что он самый счастливый человек.

Задания

1. Расскажите о событии, которое описано в тексте:
а) от имени Алексея ; б) от имени Ким Нам Су.

2. Расскажите о себе с помощью следующих вопросов.

Вы любите ходить в кино? Что вы любите больше смотреть – боевики, исторические фильмы или фантастику? Какой ваш самый любимый фильм? В Сеуле много кинотеатров? Какие фильмы сейчас идут в кинотеатрах Сеула? Какие русские фильмы вы уже видели? Какие русские фильмы шли на экранах ваших кинотеатров? Вы любите смотреть старые фильмы? Что вы любите больше смотреть – фильмы по телевизору или в кино? Вы знаете, на каких фестивалях корейские фильмы получили призы? Какие это фильмы?

3. Напишите рассказ, используя вопросы из упражнения 2.

Мне нравятся борщ и пельмени

Официант :	Здравствуйте! Садитесь. Пожалуйста, меню!
Нина :	Давайте я буду выбирать. Посмотрим, что у них есть. О! Здесь большой выбор блюд!
Алексей :	Я думаю, на первое мы возьмём какой-нибудь суп.
Нина :	Возьмём борщ.
Алексей :	Да, конечно. Это очень вкусно. Нам Су и Ми Сон должно понравиться.
Нина :	А на второе закажем пельмени с мясом и со сметаной.

Ким :	Пельмени? Я знаю это слово! Мы учили его на курсах русского языка.
Алексей :	Да?! Возьмём какой-нибудь салат?
Нина :	Да, возьмём салат из огурцов и помидоров.
Алексей :	Что-нибудь выпьем? Вы пьёте сухое вино?
Ким :	Да, какое-нибудь слабое можно.
Алексей :	И к вину сыр и фрукты.
Официант :	Вы уже выбрали? Что хотите заказать?
Алексей :	Так. На первое борщ, на второе пельмени со сметаной. Ещё салат, сыр, какие-нибудь фрукты и сухое вино.
Официант :	А кофе и мороженое не хотите?
Нина :	Да, обязательно. На десерт мы возьмём кофе и мороженое. Но принесите их позже.
Алексей :	За что мы выпьем?
Нина :	Можно, я скажу тост? Выпьем за нашу дружбу. За друзей, с которыми везде и всегда хорошо! За нас!
Все :	За нас!
Ким :	Алексей, как ты узнал об этом ресторане?
Алексей :	Где-то в центре я увидел рекламу на русском языке и сразу решил пригласить вас сюда на обед.
Ким :	Да, здесь вкусно готовят.
Ми Сон :	Ой! Мне нравится эта русская песня!
Нина :	Да, это "Журавли". Слова Расула Гамзатова.
Ми Сон :	Её знают многие корейцы.
Нина :	Откуда?

Ким :	Недавно у нас был "Международный фестиваль песни" в Кванджу. Приехали артисты из разных стран. Из России приезжал артист Иосиф Кобзон.
Ми Сон :	Да-да. Он пел эту песню. Её полюбили корейцы. Вы знаете этого артиста?
Нина :	Конечно. Его знает вся Россия. У него очень красивый и сильный голос.
Ми Сон :	А вы, Нина, поёте?
Нина :	Немного для себя.
Ким :	Вы научите нас петь русские песни?
Нина :	С удовольствием, если вы научите меня петь корейскую песню " Ариран".
Ким :	Договорились.
Алексей :	Официант! Счёт, пожалуйста. Я хочу заплатить за обед.
Официант :	Вот счёт.
Алексей :	Возьмите деньги. Спасибо. До свидания.
Официант :	Вам понравилась русская кухня?
Ми Сон :	Очень понравилась. Правда, Нам Су?
Ким :	Да, конечно.
Официант :	Приходите ещё. Всего хорошего!

Слова к диалогу

борщ (고기와 스프를 넣은) 러시아식 수프
пельме́ни 고기만두

садúться *куда* ~에 앉다

выбирáть *–выбрать* *– что* 고르다, 선택하다

вы́бор блюд 요리 선택

на пéрвое, на вторóе, на трéтье 전체, 메인 디쉬, 후식

какóй-нибýдь 무엇이든, 어떤 것이든

мя́со 고기

сметáна 발효시킨 농축 크림

салáт 샐러드

огурéц 오이

помидóр 토마토

вы́пить *за что, за кого* 술을 마시다, 건배하다

сухóе винó 드라이 와인

слáбое винó 순한 와인

сыр 치즈

заказáть 주문하다

морóженое 아이스크림

принестú 가져오다

(по)пóзже 좀 늦게, 나중에

тост 건배, 축배

реклáма 광고, 선전

срáзу 바로, 곧, 당장

фестивáль 축제

гóлос 목소리

петь 노래하다

счёт 계산서, 영수증

Грамматика

'*Кто-то*' 와 '*Что-нибудь*'의 격변화

И.п.	кто-то	что-нибудь
Р.п.	кого-то	чего-нибудь
Д.п.	кому-то	чему-нибудь
В.п.	кого-то	что-нибудь
Т.п.	с кем-то	с чем-нибудь
П.п.	о ком-то	о чём-нибудь

'*–т о*' 와 '*-н и б у д ь*'가 붙은 대명사의 용법

Неопределённые местоимения : *кто-то, что-то; какой-то* (какая-то, какое-то, какие-то) ; *кто-нибудь; какой-нибудь* (какая-нибудь, какое-нибудь, какие-нибудь).

Неопределённые наречия : *где-то; куда-то; когда-то; где- нибудь; куда-нибудь; когда-нибудь.*

-то	*-нибудь*
Кто-то звонил мне по телефону (неизвестно кто). Он сказал мне что-то, но я не понял (непонятно, что). Я видел, что он взял какую-то книгу (неизвестно какую). Книга лежит где-то в шкафу (точное место неизвестно).	Пусть кто-нибудь позвонит ему по телефону (т.е. всё равно, кто). Скажи мне что-нибудь (т.е. всё равно, что). Дай мне какую-нибудь книгу (т.е. неважно, какую). Положи вещи куда-нибудь (т.е. неважно, куда).

Упражнения

1. *Дайте ответы на вопросы к диалогу.*

1) В какой ресторан пришли друзья?

2) Как Алексей узнал о русском ресторане в Сеуле?

3) Вы знаете, где находится этот ресторан?

4) Что заказала Нина на первое?

5) Что она заказала на второе?

6) Какое вино решили заказать друзья?

7) Что заказали (взяли) друзья к вину и к обеду?

8) Что ещё посоветовал им заказать официант?

9) За что выпили друзья?

10) Какой тост сказала Нина?

11) Какую песню услышали корейские друзья в русском ресторане?

12) Вы знаете эту песню?

13) Когда вы услышали её в первый раз?

14) Вам она понравилась?

15) Вы хотите выучить эту песню?

16) Где услышали корейцы эту песню первый раз?

17) Кто поёт эту песню?

18) Друзьям понравился голос Иосифа Кобзона?

19) О чём договорились Нина и Ми Сон?

20) Как вы думаете, почему Алексей и Нина решили пригласить корейских друзей в русский ресторан?

21) Вы были в этом ресторане?

22) Вы хотите пойти в этот ресторан?

2. Прочитайте предложения. Сравните значение частиц '–то' и '–нибудь.'

- Ко мне кто-нибудь приходил?
- Да, кто-то приходил, но я не помню, кто.

- Мне кто-нибудь звонил?
- Да, кто-то звонил. Какой-то молодой человек.

- Ваши друзья ездили куда-нибудь отдыхать?
- Да, они куда-то ездили. Кажется, на остров Чеджудо.

- Мой товарищ оставил мне какую-нибудь книгу?
- Да, он оставил вам какую-то книгу. Она лежит на столе.

- Виктор взял что-нибудь в библиотеке?
- Да, он взял что-то в библиотеке. Я ещё не видел, что.

- Нина и Алексей ходили куда-нибудь в субботу.
- Да, они ходили куда-то. Я не спросила, куда.

3. Прибавьте частицу '–то' или '–нибудь.'

1) Я очень хочу выучить какую- … корейскую песню. Вчера я слышал какую- … красивую песню, но забыл её название.

2) Если кто- … придёт, позови меня. По-моему кто- … пришёл. Открой, пожалуйста, дверь.

3) Ми Сон, пойдём в субботу в какой- … музей. Мы были с Алексеем в каком- … музее в центре. Нам очень понравилось там.

4) Ты от кого- … ждёшь звонка? – Да, кто- … позвонил, но я не успела подойти к телефону. Теперь жду.

5) Ты уже с кем-… познакомилась? – Да, вчера познакомилась

с какой-... милой женщиной. Но забыла, как её зовут.

6) Вы пили в ресторане какое-...сухое вино? – Да, мы пили какое-... вкусное французское вино.

4. *Вместо точек поставьте нужные по смыслу местоимения или наречия.*

1) Кима долго не было в Сеуле. Он уезжал ...-то за город.

2) Когда я пишу ...-нибудь из своих друзей, я рассказываю о своей жизни в Корее.

3) Она о ...-то думала и не слышала мой вопрос.

4) Когда он ...-нибудь приезжает, он много рассказывает о своих впечатлениях.

5) Я видел вас ...-то, но забыл, где.

6) Дайте мне ...-нибудь почитать о современных корейских писателях.

7) Мне сказали, что вчера в Сеул приехал ...-то из моих друзей по школе.

5. *Составьте аналогичные диалоги.*

Модель : - Меня кто-нибудь спрашивал?

- Да, тебя спрашивал какой-то молодой человек.

1) Мне кто-нибудь звонил?

2) Ко мне кто-нибудь заходил?

3) Для меня что-нибудь передавали?

4) Виктор был в библиотеке. Он что-нибудь взял?

6. *Поставьте вопросы к следующим предложениям – ответам.*

...? – На первое я хочу взять борщ.

...? – На второе мы закажем пельмени с мясом и со сметаной.

...? – В меню были разные салаты.

...? – Друзья выпили за дружбу, за друзей, с которыми всегда хорошо.

...? – Я люблю сухое вино.

7. *Переведите на русский язык.*

웨이터 : 앉으십시오. 메뉴가 여기 있습니다. 선택하십시오. 우리는 요리 선택의 폭넓습니다. 무엇을 주문하시겠습니까?

어머니 : 전채로 야채 수프를 하지요? 너는?

아들 : 나는 생선 수프를 주문할게요..

어머니 : 메인 디쉬로 무엇을 할까?

아들 : 여기 러시아 전병을 잘 만든다는 거 아세요?

어머니 : 좋다. 스메타나를 바른 전병을 주문하자.

아들 : 그리고 당연히 주스도 해야죠.

Речевой этикет

Когда мы выражаем

Согласие	Несогласие
Да.	
Хорошо.	Я не согласен (не согласна).
Да, конечно.	К сожалению, я не могу
Разумеется.	согласиться с вами.
Я с вами согласен (согласна).	Нет, ты не прав.
Совершенно верно.	Нет, вы не правы.
Да, ты прав.	Что ты!
Да, вы правы.	

Задания

1. *Прочитайте диалоги. Обратите внимание на выражения согласия или несогласия с высказыванием собеседника.*

- Ми Сон, твой муж прекрасно играет в футбол.
- Да, ты прав. Он очень любит футбол.
- Нине надо отдохнуть.
- Да, конечно. Ведь она тяжело болела.
- Нина очень хорошо поёт.
- Разумеется. Ведь она артистка.
- Ты совсем не занимаешься!
- Что ты! Я занимаюсь!
- Это плохой учебник.
- Нет, вы не правы! Я не согласен с вами.

2. Согласитесь со следующими высказываниями.

- Это очень хороший фильм.
- ... .
- В этом году лето очень холодное.
- ... .
- Урок был интересный, но очень трудный.
- ... .
- Нина должна принимать все лекарства.
- ... .

3. Выразите своё несогласие со следующими высказываниями.

- Это очень длинный диалог.
- ... .
- По-моему, Ми Сон мало занимается.
- ... .
- Выставка просто неинтересная!
- ... .

Работа с текстом

Читая текст, выделите наиболее важные, по вашему мнению, факты.

В ресторане

Алексей шёл по улице и увидел рекламу "Русский ресторан". Название было написано по-русски. Алексей решил пригласить своих корейских друзей в этот ресторан и познакомить их с русской кухней.

Когда Нам Су, Ми Сон, Алексей и Нина пришли в ресторан и сели за столик, к ним подошёл официант и дал меню. Блюда выбирала Нина, а заказывал их Алексей. Они заказали на первое борщ, на второе пельмени, на десерт кофе и мороженое. Ещё они попросили принести салат из огурцов и из помидоров, сыр и сухое вино.

За обедом друзья разговаривали. Они выпили за дружбу, за друзей, с которыми всегда и везде хорошо.

В ресторане была русская музыка. Об одной песне Ми Сон сказала, что она её знает и любит. Эта песня нравится многим корейцам. Недавно в Корее был международный фестиваль песни. Из России на фестиваль приехал Иосиф Кобзон. У него очень красивый и сильный голос. Его песню "Журавли" теперь поют в Корее.

Нина сказала, что она любит петь, но у неё несильный голос. Ким попросил научить его петь русские песни. Нина сказала, что научит, но если корейские друзья научат её петь корейскую песню "Ариран". Ким Нам Су пообещал.

Когда друзья съели мороженое и выпили кофе, было уже поздно. Алексей позвал официанта и попросил счёт. Он заплатил за обед, официант пожелал всем всего доброго и пригласил приходить ещё.

Задания

1. *Расскажите текст а) от имени Алексея; б) от имени официанта.*

2. *Расскажите о себе с помощью следующих вопросов.*

В котором часу вы завтракаете, обедаете, ужинаете? Что вы едите на завтрак, на обед, на ужин? Что вы заказываете в ресторане на первое, на второе? Что вы берёте на десерт? Какие тосты произносят (говорят) в Корее? Где вы больше любите обедать – дома или в ресторане? Когда вы были в ресторане последний раз? Какие блюда вашей национальной кухни вы любите больше всего? Какие блюда русской национальной кухни вы уже знаете?

3. *Напишите о посещении вами какого-нибудь ресторана. Используйте следующие слова и словосочетания :* официант, много блюд, заказывать, садиться, на первое, на второе, здесь прекрасно готовят, принести счёт, пригласить, заплатить за.

Как хорошо путешествовать!

Алексей : Нам Су, скоро лето, отпуск. Где вы будете
отдыхать с Ми Сон?

Ким : Нам бы хотелось поехать на Восточное побережье.

Алексей : На поезде или на машине?

Ким : Я с удовольствием поехал бы на автобусе –
экспрессе. Мне хотелось бы отдохнуть от машины.
И ещё мы хотели полюбоваться горными пейзажами.

Алексей : А где вы будете там жить?

Ким : У родителей Ми Сон. Они живут недалеко от
горы Сораксан.

Алексей : О! Я слышал это очень красивое место.

Ким : Очень. Гора Сораксан – одно из самых красивых мест в мире.

Алексей : А на острове Чеджудо вы уже были?

Ким : Да. Там мы провели с Ми Сон свой медовый месяц. Это было великолепно!

Алексей : Теперь я знаю, как корейцы любят горы и море.

Ким : Конечно. Я, например, люблю плавать, люблю кататься на водных лыжах. Мне нравится серфинг. Ещё я люблю ловить в море рыбу.

Алексей : Да, летом хорошо отдыхать где-нибудь в горах, на море.

Ким : А где вы будете отдыхать, когда приедете в Москву?

Алексей : Если у Нины будет время, мы поедем в Испанию. Но мы ещё не думали об этом. Ведь это будет нескоро. Осенью.

Ким : Интересно, как отдыхают в России?

Алексей : У кого много денег, уезжают отдыхать за границу. В Италию, Францию, Турцию и другие страны.

Ким : Таких много?, Нет?

Алексей : Нет. Я думаю, один процент (1%). Другие отдыхают летом на Чёрном или Балтийском море.

Ким : О! Если бы у меня было время, я бы сейчас с удовольствием купил билет на самолёт и полетел бы в Италию.

Алексей : Да, хорошо было бы. Я тоже люблю путешествовать.

Но ты знаешь, у нас большая часть горожан отдыхает за городом, на своих дачах.

Ким : Что это такое?

Алексей : Люди имеют квартиру в городе, а за городом – небольшой домик. Там они живут и отдыхают. Проводят свой отпуск, каникулы.

Ким : А у вас тоже есть дача?

Алексей : Да, есть.

Ким : Что вы там делаете?

Алексей : Там мы отдыхаем, ходим в лес, плаваем в речке, загораем на пляже, катаемся на лодке. И немного работаем в саду.

Ким : Да-да. Мы, когда отдыхали у родителей Ми Сон, тоже работали немного. Мне нравится работать на земле, в саду. А в горы вы ходите?

Алексей : Около Москвы гор нет. Но, когда мы отдыхаем в Крыму, мы часто ходим в горы.

Слова к диалогу

путешéствовать 여행하다

лéтний óтпуск 여름휴가

отдыхáть *где, с кем* 휴식을 취하다

на побережье 해안에서

пóезд 기차

с удовóльствием 기꺼이

экспре́сс 급행 열차, 급행 버스

полюбова́ться *чем* 재미있게 즐기다, 도취하다

го́рный пейза́ж 산의 경치

загора́ть на пля́же 해변에서 일광욕하다

медо́вый ме́сяц 밀월, 신혼여행

великоле́пно 화려한, 근사한, 웅장한

се́рфинг 서핑

лови́ть ры́бу 낚시하다

жа́рко 더운

о́сенью 가을에

езди́ть за грани́цу 외국에 가다, 해외로 가다

ката́ться на ло́дке 보트를 타다

ката́ться на во́дных лы́жах 수상 스키를 타다

Грамматика

가정법 (Условное наклонение)

Несовершенный вид	Совершенный вид
я, ты, он читал бы она читала бы мы, вы, они читали бы	я, ты, он прочитал бы она прочитала бы мы, вы, они прочитали бы

Возможное действие	Желательное действие	Совет, предложение
Другой на твоём месте не отдыхал бы, а работал день и ночь.	Я с удовольствием пошёл бы на этот фильм.	Ты плохо себя чувствуешь? Пошёл бы к врачу.

Упражнения

1. Дайте ответы на вопросы к диалогу.

1) Куда хочет поехать Ким Нам Су со своей женой во время летнего отпуска?

2) Как (на чём?) они хотят поехать на Восточное море?

3) Почему Ким Нам Су хотел бы поехать туда на автобусе - экспрессе?

4) Где они будут жить во время отпуска?

5) Ми Сон и её муж были раньше у своих родителей?

6) Почему Ким и его жена решили в этом году не ездить на остров Чеджудо?

7) Что Алексей слышал раньше о горе Сораксан?

8) Почему Ким Нам Су любит летом отдыхать в горах или на море?

9) Где хотят отдыхать Алексей и Нина осенью?

10) Где отдыхают русские люди?

11) Где отдыхает большая часть россиян во время летнего отпуска?

12) Как можно отдыхать на даче?

2. Определите, какое действие обозначает условное наклонение в следующих предложениях – возможное или желательное.

1) Если бы мы купили билеты на вечерний сеанс, мы пошли

бы в кино.

2) Если бы он больше занимался спортом, он меньше болел бы.

3) Если бы он позвонил мне, мы поехали бы в театр.

4) У меня нет билета, но я пошёл бы в кино.

5) Если бы он пришёл!

6) Если бы он позвонил!

3. Замените изъявительное наклонение условным. Объясните, как изменится смысл предложения.

А

Модель : Если будут билеты, мы пойдём в кино.

Если бы были билеты, мы пошли бы в кино.

1) Если у меня будет время, я поеду в горы.

2) Если я встречу Нину, я передам ей привет.

3) Если у меня будут деньги, я куплю машину.

4) Если сестра позвонит, я приглашу её в гости.

5) Если я выучу слова, я смогу хорошо рассказать этот текст.

Б

Модель : Погода плохая, но я пошёл гулять.

Погода плохая, но я пошёл бы гулять.

1) У меня болит голова, но я пошёл в кино.

2) Фильм старый, но я посмотрел его.

3) Уже очень поздно, но я напишу письмо.

4) Он отвечает неправильно, а я ответил правильно.

4. Посоветуйте, поставьте выделенный глагол в условном наклонении.

Модель : Сейчас холодно. Купи себе тёплые вещи.

Сейчас холодно, купил бы себе тёплые вещи.

1) Прочитай эту книгу. Она поможет тебе понять правило.

2) Ты плохо себя чувствуешь? Посоветуйся с врачом.

3) Завтра воскресенье. Встань пораньше и поезжай за город.

4) На улице идёт дождь. Возьми зонт.

5. Закончите предложения.

1) Если завтра у нас будут занятия, ... Если бы завтра у нас были бы занятия, ...

2) Если мы встретимся с ним, ... Если бы мы встретились с ним, ...

3) Если он купит билеты в кино, ... Если бы он купил билеты в кино, ...

4) Если у меня будет время, ... Если бы у меня было бы время, ...

5) Если я поеду на остров Чеджудо, ... Если бы я поехал на остров Чеджудо, ...

6) Если у Алексея летом будет время, ... Если бы у Алексея летом было время, ...

6. Дайте ответы на вопросы.

- Кем бы вы решили стать, если бы вы сейчас учились в

последнем классе школы?

- Что бы вы сейчас делали, если бы вы жили в Москве?
- Куда бы вы сейчас поехали, если бы были каникулы?

7. _Поставьте вопросы к следующим предложениям_
   – ответам.

…? – В этом году мы хотели бы поехать к родителям Ми
   Сон.

…? – Я бы хотел поехать на автобусе.

…? – Да, мы были там раньше.

…? – В прошлом году мы отдыхали на острове Чеджудо.

…? – Осенью мы поедем отдыхать за границу.

…? – На даче мы ходим в лес, плаваем в реке.

…? – Да, иногда работаем в саду.

8. _Переведите на русский язык._

А

- 일요일을 어떻게 보냈어요?
- 고마워요, 아주 좋았어요. 바다에 가서 썬탠하고, 낚시하고, 수
  상스키를 탔어요.
- 나는 아들과 산에 갔다 왔어요.

Б

- 당신 아들은 방학을 어떻게 보냅니까?
- 보통 여름에는 할머니네 별장에서 살아요.
- 거기서 그는 무엇을 하지요?

- 오! 거기에서는 아주 즐거워요. 거기에는 아이들이 많아요. 그들은 숲에 가고, 물가에서 썬탠하고, 강에서 물놀이를 합니다.

Речевой этикет

Когда мы выражаем желание

Хорошо бы поехать на море.
Нужно бы навестить больного друга.
Походить бы по горам. Такая хорошая погода.

Задания

1. *Трансформируйте предложения.*

Модель : Я хочу навестить больного друга.

Хорошо бы
Нужно бы } навестить больного друга.
Навестить бы больного друга.

1) Я хочу посмотреть новый фильм.
2) Мне очень хочется сходить на выставку.
3) Я хочу поехать за город.

2. Выразите своё желание. Используйте глаголы, данные в скобках.

1) На острове Чеджу всегда красиво и тепло (поехать на остров Чеджу).
2) Лучшие артисты будут выступать сегодня вечером (купить билеты).
3) Приехал балет Большого театра (посмотреть балет).

Работа с текстом

Читая текст, выделите наиболее важные, по вашему мнению, факты.

Путешествие

Скоро лето. Нам Су и Ми Сон хотят поехать отдыхать на Восточное побережье. На острове Чеджудо они уже отдыхали. Там они провели свой медовый месяц. Нам Су и Ми Сон будут жить у родителей. Родители Ми Сон живут около горы Сораксан. Гора Сораксан – одно из самых красивых мест в мире. Они хотят поехать туда на автобусе – экспрессе. Нам Су хотел бы отдохнуть от машины, и, кроме того, они хотят полюбоваться горными пейзажами.

Нам Су любит плавать, лежать на пляже. Ему нравится серфинг, водные лыжи. Ещё Нам Су любит ловить в море рыбу.

Многие корейцы отдыхают на море или в горах, потому что там не очень жарко.

Алексей и Нина будут отдыхать нескоро: осенью, когда приедут в Москву. Обычно они отдыхают на своей даче. Это небольшой дом за городом. Там они живут летом, проводят свой летний отпуск, как многие другие москвичи.

Алексей и Нина ходят в лес, плавают в реке, загорают на пляже, катаются на лодке. Иногда работают в саду.

Раньше они ездили в Крым, и им нравилось ходить в горы.

Некоторые русские уезжают отдыхать за границу: в Италию, Францию, Турцию и другие страны.

Другие отдыхают на Чёрном и Балтийском морях. А большая часть горожан летом живёт на своих дачах.

Если бы у Нам Су сейчас было время, он обязательно купил бы билет на самолёт и полетел бы в Италию.

Задания

1. *Расскажите а*) *об отдыхе Ким Нам Су и его жены* ; *б*) *об отдыхе Алексея и Нины.*

2. *Расскажите о себе с помощью следующих вопросов.*

Когда вы больше любите отдыхать: летом или зимой? Где вы обычно проводили свои летние каникулы, когда вы учились в школе? Где вы отдыхали в прошлом году? С кем вы отдыхали? Один (одна)? Куда вы хотите поехать в отпуск (на каникулы) в этом году? Вы любите активный или пассивный отдых? Что вы делаете во время отдыха? Куда вы посоветуете мне поехать отдыхать летом?

3. *Напишите рассказ о вашем самом интересном путешествии.*

Какой у вас характер?

Ми Сон : Скажи мне, Нина, какой человек твой муж? Вы
уже три месяца живёте в Сеуле, мы друзья. Мне
кажется, я тебя знаю очень хорошо. Но мне
трудно понять русских людей.

Нина : Какой мой муж? Да, трудно сказать. Я думаю в
разных ситуациях он разный. В Москве на работе
он упорный и решительный. Если кто-нибудь
плохо работает, он может быть резок (резким),
но никогда не бывает груб (грубым). У нас есть
такое слово – требовательный.

Ми Сон : А в Корее? Он изменился?

Нина : В Корее он стал более сдержанным. А как ты думаешь, какой Алексей?

Ми Сон : Я тоже думаю, что он сдержанный, и Нам Су так говорит. Но мне кажется, что Алексей немного скрытный.

Нина : Нет, он не скрытный. Просто мы плохо знаем страну и не хотим делать ошибки.

Ми Сон : Какой Алексей дома?

Нина : Со мной он очень нежный и внимательный.

Ми Сон : Он – ангел?

Нина : Конечно, нет. Всё бывает в жизни. Но мне кажется, главная его черта – это чуткость. Ты знаешь, я актриса, и мне часто бывает трудно. Алексей чувствует это и всегда помогает мне.

Ми Сон : Значит, Алексей добрый и чуткий человек?

Нина : Да, это так. А какой человек твой муж, Ми Сон?

Ми Сон : Как многие корейцы, он скромный и спокойный. Он юрист. Это трудная профессия. Надо много знать, слушать и хорошо говорить. Нужно быть осторожным. Я знаю, мой муж осторожный человек.

Нина : А дома?

Ми Сон : Дома? Дома Нам Су очень простой и весёлый. Вообще корейцы весёлые люди. Они много работают, но когда отдыхают, они как дети. Ким два раза в неделю играет с соседями в футбол.

Он часто радуется, как ребёнок. А ты, Нина, как думаешь? Какой мой муж?

Нина : Я думаю, он деловой, умный и жизнерадостный человек.

Слова к диалогу

хара́ктер 성격, 기질

челове́к 사람

поня́ть *кого что* 이해하다

ситуа́ция 상황, 정세

упо́рный 불굴의, 완고한, 인내력 있는

реши́тельный 단호한, 결단력 있는

требова́тельный 까다로운, 엄격한

гру́бый (груб) 무례한, 난폭한, 거친

сдержа́нный 절제하는, 신중한

скры́тный 마음을 터놓지 못하는, 솔직담백하지 못한

не́жный 사냥한, 부드러운

внима́тельный 주의 깊은, 신중한

а́нгел 천사

гла́вная черта́ хара́ктера 성격의 주요한 특징

помога́ть *кому* + *инф.* 돕다

чу́ткость 민감성, 동정심

скро́мный 공손한, 겸손한

споко́йный 차분한, 온유한, 조용한

профе́ссия 직업

осторо́жный 주의 깊은, 세심한

вообще́ 대개, 일반적으로

ра́доваться *чему* 기뻐하다

делово́й 실제적인, 능숙한

жизнера́достный 삶을 즐기는, 낙천적인

 # Грамматика

직접 화법과 간접 화법
(Прямая и косвенная речь)

	Прямая речь		Косвенная речь
Он спросил:	"Когда будут экзамены?" "Почему вы не пишете?" "Где у меня ошибки?" "Откуда вы приехали?"	Он спросил,	когда будут экзамены. почему я не пишу. где у него ошибки. откуда мы приехали.
Он спросил:	"Сегодня будет лекция?" "Вы были на лекции?"	Он спросил,	будет ли сегодня лекция. был ли я на лекции.
Препода- ватель сказал:	"Сегодня вы будете читать новый текст."	Препода- ватель сказал,	что сегодня мы будем читать новый текст.
Препода- ватель сказал:	"Читайте громко." "Дайте мне ваши тетради."	Препода- ватель сказал,	чтобы мы читали громко. чтобы мы дали ему наши тетради

Упражнения

1. *Дайте ответы на вопросы к диалогу.*

1) Почему Чо Ми Сон спросила Нину о характере её мужа?

2) Какой Алексей на работе и какой он дома?

3) Изменился ли характер Алексея, когда он начал работать в Сеуле? Почему?

4) Что думает о характере Алексея Чо Ми Сон?

5) Как вы понимаете слова Нины: "Всё бывает в жизни".

6) Что думает Нина о главной черте характера своего мужа?

7) Какая главная черта характера Ким Нам Су?

8) Какой Ким Нам Су на работе и дома?

9) Кто сказал: "Ким Нам Су деловой, умный, жизнерадостный человек"?

2. *Замените прямую речь косвенной.*

А

1) Ким Нам Су спросил : "Что вы будете делать в воскресенье?"

2) Алексей спросил: "Что нам взять из еды?"

3) "Где мы встретимся?" – спросил Алексей.

4) Алексей спросил: "Когда начинается твой рабочий день?"

5) Ми Сон спросила: "Нина, какой человек твой муж?"

Б

1) Он сказал мне: "Все корейцы очень любят ходить в горы".

2) В письме подруга пишет: "Сейчас на острове Чеджудо очень красиво и тепло".

3) Ким Нам Су сказал: "По вторникам и четвергам я занимаюсь на курсах русского языка".

4) Нина сказала: "Мой муж не скрытный. Просто мы плохо знаем страну и не хотим делать ошибки".

В

1) Алексей спросил Ми Сон: "Ты знаешь этого артиста?"

2) Алексей спросил Нам Су: "Тебе нравится изучать русский язык?"

3) Студенты спросили преподавателя: "В феврале будут экзамены?"

Г

1) Нам Су сказал: "Возьмите удобную обувь и лёгкую тёплую одежду".

2) Преподаватель сказал: "Откройте окно".

3) Она попросила: "Объясни мне это правило".

3. а) *Вместо придаточных предложений с союзом ч т о б ы составьте предложение со словом пусть.*

Модель : Нина, скажи Алексею, чтобы он позвонил мне.
Нина, скажи Алексею, пусть позвонит мне.

1) Алексей, скажи Нине, чтобы она взяла удобную обувь и тёплую одежду.

2) Виктор, скажите Анне, чтобы она не опаздывала.

3) Алексей, скажите Нине, чтобы она позвонила мне.

4) Скажите другу, чтобы он посмотрел этот фильм.

б) *Напишите придаточные предложения с союзом ч т о б ы вместо предложений со словом п у с т ь.*

1) Алексей, скажи Нине, пусть возьмёт с собой удобную обувь и лёгкую тёплую одежду.

2) Нина, скажи Алексею, пусть напишет письмо домой.

3) Алексей, скажи Нине, пусть не забудет фотоаппарат.

4) Виктор, скажи Анне, пусть посмотрит новый фильм.

4. *В данных ниже словах выделите суффиксы — о с т ь, - о т (а), - с т в (о), с помощью оторых образованы существительные, обозначающие черты характера человека.*

Красота, простота, упорство, решительность, сдержанность, тактичность, внимательность, скромность, жизнерадостность.

5. *От данных прилагательных с помощью суффикса — о с т ь образуйте существительные, обозначающие черты характера.*

Модель : смел-ый – смел + ость = смелость.

Скромный, чуткий, внимательный, сдержанный, решительный.

6. Как вы скажете о человеке, если он ...

требует много от других;

не рассказывает другим о себе;

делает добро другим;

всегда говорит правду;

не боится трудностей.

И с п о л ь з у й т е   с л о в а :   требовательный, скрытный, правдивый, смелый, добрый.

Модель : Смелый человек – это человек, который ничего не боится.

7. Поставьте вопросы к следующим предложениям – ответам.

...? – Мой муж разный в разных ситуациях.

...? – Я думаю, что характер Алексея изменился.

...? – Он стал требовательным.

...? – О, дома мой муж очень нежный и всегда внимательный.

...? – Чуткость – это его главная черта характера.

...? – Основная черта характера корейцев - трудолюбие, скромность и сдержанность.

...? – Мне нравятся в человеке честность и сдержанность.

8. Переведите на русский язык.

- 어떻게 생각해요? 그가 많이 변했나요?

- 네, 많이 변했어요. 그는 신중하고 친절해졌어요.

- 그가 전에는 어땠는데요?

- 오, 그는 전에는 아주 까탈스러웠어요.

- 그가 정말로 까탈스러웠다고요?

- 네.

- 아마 새 직장이 그를 변화시킨 것 같아요.

- 그럴지도 모르죠. 이제 그는 새로운 성격적 특징을 갖게 되었군요. 겸손함과 절제 말이죠.

Речевой этикет

Когда мы советуемся	Когда мы советуем
Я хочу (хотел бы) посоветоваться. Мне надо посоветоваться с вами. Посоветуйте мне, пожалуйста.	Я советую тебе пойти к врачу. Это стоит сделать. Я и не знаю, что тебе посоветовать. Вам надо (нужно) посмотреть эту выставку.

Задания

1. *Прочитайте диалоги. Обратите внимание на то, как получают и дают советы.*

- Нам Су, мне надо посоветоваться с тобой. Завтра я буду разговаривать с директором фирмы о новом изделии. Я могу рассказать директору правду, что я думаю об этом?

- Я советую тебе, Алексей, говорить с ним откровенно.

- Нина, почему ты грустная?

- У меня болит голова.

- Тебе надо бы пойти к врачу.

- Спасибо за совет. Я так и сделаю.

- Алексей, Ми Сон пригласила меня поехать в центр. Но у меня очень болит голова. Что ты посоветуешь?

- Я не знаю, что тебе посоветовать.

- Вам нужно поехать в Сеул. Это очень красивый город.

- Спасибо за совет, постараюсь.

- Вам нужно больше разговаривать с русскими. Тогда быстрее научитесь говорить.

- Спасибо за совет, постараюсь.

2. Что вы посоветуете, если ...

1) Окно открыто, а на улице холодно.

2) Подруга не решается купить новое платье, а скоро праздник.

3) У вашего друга есть билет на футбол, а на улице сильный дождь.

4) Ваза очень дорогая, а Нине она очень нравится.

Работа с текстом

Читая текст, выделите наиболее важные, по вашему мнению, факты.

Характер

Как-то Нина и Ми Сон пошли в кафе. Они пили кофе и говорили о своих мужьях и о себе.

Нина с мужем уже три месяца живут в Корее, но Ми Сон трудно понять, какой человек Алексей. Она спросила об этом подругу. Нина ответила, что её муж в разных ситуациях разный. В Москве на работе он упорный и решительный. Если кто-нибудь плохо работает, Алексей бывает резким. Но никогда он не бывает грубым. Муж Нины требовательный человек.

В Корее Алексей немного изменился. Он стал более сдержанным. Ивановы плохо знают страну и не хотят делать ошибки. Но Алексея нельзя назвать скрытным человеком.

Дома с Ниной он нежный и внимательный. Конечно, он не ангел: в жизни бывает всё. Но главная черта Алексея – это чуткость. Он всегда чувствует, когда жене трудно и помогает ей. Муж Нины добрый и чуткий человек.

Нина спросила подругу, какой человек Ким Нам Су. Ми Сон рассказала, что, как многие корейцы, её муж скромный и спокойный. Ким – юрист. Это трудная профессия. Надо много думать, знать, слушать и хорошо говорить. Нужно быть осторожным. И Ким осторожный человек.

Дома муж Ми Сона очень простой и весёлый. Вообще корейцы весёлые люди. Они много работают, но когда отдыхают, они как дети. Нам Су два раза в неделю играет с соседями в футбол. Часто он радуется, как ребёнок. Ким Нам Су жизнерадостный человек.

Задания

1. *Расскажите от лица Нины о чертах характера Алексея.*

2. *Расскажите от лица Чо Ми Сон о чертах характера Ким Нам Су.*

3. *Расскажите о себе, ответив на вопросы.*

Какие люди вам нравятся больше всего? Какие черты характера вы особенно цените в людях? Что вы можете сказать о своём характере? Как вы думаете, черты вашего характера изменились? Почему? Когда? Что изменило ваш характер? Каким вы были раньше? Каким вы стали теперь? Что вам (не) нравится в характере вашего друга? Что вы можете сказать о его характере? Черты вашего характера одинаковые (разные) дома, с друзьями, на работе (в университете)?

4. *Напишите о своём характере, используя вопросы упражнения 2.*

Приложение

1. *Весенняя погода*

2. Рассеянная девушка

3. Будильник

4. Лыжи

5. Новогодний ужин

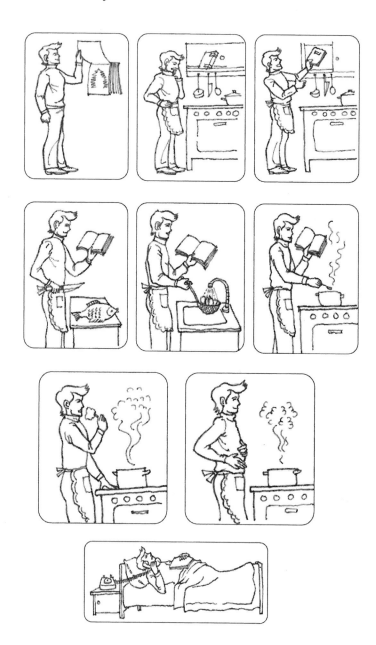

6. Новая мелодия

7. Мечтатель

8. Телефонный разговор

9. Прогулка в лес

10. Летний отдых в городе

11. В мебельном магазине

12. Совет врача

13. Плохой характер

14. Ошибка

Словарь

Условные сокращения, принятые в словаре

Сущ. – имя существительное

НСВ – несовершенный вид

СВ – совершенный вид

М.р. – мужской род

Ж.р. – женский род

Ср.р. – средний род

Ед.ч. – единственное число

Мн.ч. – множественное число

Р.п. – родительный падеж

Д.п. – дательный падеж

В.п. – винительный падеж

Т.п. – творительный падеж

П.п. – предложный падеж

Пр. – предлог

част. – частица

инф. – инфинитив

наст. вр. – настоящее время

прош. вр. – прошедшее время

буд. вр. – будущее время

А

автобус
автомагистра́ль *Ж.р.*
а́дрес
адреса́т
апте́ка
арти́ст
арти́стка
аэропо́рт

Б

балко́н
бандеро́ль *Ж.р.*
бассе́йн
бе́гать *I НСВ* ~трусцо́й
бежа́ть *НСВ* (бегу́, бежи́шь бегу́т)
без *Пр.+Р.п.*
бе́рег (*Мн.ч.* берега́)
блин
блю́до
боеви́к
боле́ть *I НСВ* (боле́ешь) *чем?*
боле́ть *II НСВ* (боли́т, боля́т) у
    меня ~ит голова, горло; у меня
    ~ят глаза
большо́й
большинство́
борщ
брат (*Мн.ч.* бра́тья)
брать *I НСВ* (беру́, берёшь) *кого?*
    что?
буты́лка
буты́лочка
босико́м
быва́ть *I НСВ*
быть *I НСВ* (бу́ду, бу́дешь, бу́дут)

В

в, во (*Пр. + П.п. и В.п.*)
ваго́н

ва́нная
вверху́
ведь
везде́
везти́ *кого? что?*
век (*Мн.ч.* века́)
великоле́пно
верну́ться *I СВ* (верну́сь, вернёшься)
ве́село
весёлый
весь (вся, всё, все)
ве́чер (*Мн.ч.* вечера́)
ве́чером
ве́шать *I НСВ что? куда?*
взять *I СВ* (возьму́, возьмёшь)
вид
ви́деть *II НСВ* (ви́жу, ви́дишь) *кого?*
    что?
вино́
вку́сно
вку́сный
влюби́ться *II СВ*
внима́тельный
вози́ть *II НСВ* (вожу́, во́зишь) *кого?*
    что?
возвраща́ться *I НСВ куда? откуда?*
война́
войти́ *I СВ* (войду́, войдёшь)
волнова́ться *I НСВ* (волну́юсь,
    волну́ешься)
вообще́
вперёд
врач
всегда́
всего́ хоро́шего
вспомина́ть *I НСВ кого? что? о*
    ком? о чём?
вспо́мнить *II СВ*
встава́ть *I НСВ* (встаю́, встаёшь)
встать *I СВ* (вста́ну, вста́нешь)
встре́тить *II СВ* (встре́чу, встре́тишь)
встреча́ть *I НСВ кого? что?*
встреча́ться *I НСВ с кем? с чем?*

второй
входи́ть *II НСВ* (вхожу́, вхо́дишь)
выбира́ть *I НСВ* *кого? что?*
вы́бор; большо́й ~ блюд
вы́брать *I СВ* (вы́беру, вы́берешь)
вы́йти *I СВ* (вы́йду, вы́йдешь)
выпи́сывать *I НСВ* *что? кому?*
~ реце́пты
выходи́ть *II НСВ* (выхожу́, выхо́дишь)
выходно́й

Г

где
где-нибу́дь
гла́вный
говори́ть *II НСВ* (говорю́, говори́шь)
что? кому? о ком? о чём?
год
голова́
го́лос
гора́
горди́ться *II НСВ* (горжу́сь, горди́шься)
кем? чем?
го́рничная
го́рло
го́рный
го́род (*Мн.ч.* города́)
горожа́нин
гости́ница
гото́вить *II НСВ* (гото́влю, гото́вишь)
что?
грани́ца
гриб
грипп
гру́бый
гря́зный
гуля́ть *I НСВ*

Д

дава́ть *I НСВ* (даю́, даёшь) *кому?*
что?

давно́
далеко́
дари́ть *II НСВ* (дарю́, да́ришь)
что? кому?
дать *СВ* (дам, дашь, даст, дади́м,
дади́те, даду́т)
да́ча
де́лать *I НСВ* *что?*
де́ло
делово́й
демонстри́ровать *I НСВ* (демонстри́рую,
демонстри́руешь)
день *М.р.*
де́рево
деревя́нный
дешёвый
днём
до *Пр.+Р.п.*
до́брый
догова́риваться *I НСВ* *с кем?*
доезжа́ть *I НСВ* *до чего?*
до́ктор
до́лго
до́лжен
дом (*Мн.ч.* дома́)
до́ма
домо́й
доро́га
доходи́ть *II НСВ* (дохожу́, дохо́дишь)
друг (*Мн.ч.* друзья́)
друго́й
ду́мать *I НСВ* *о ком? о чём? над*
чем?
дыша́ть *II НСВ* (дышу́, ды́шишь)

Е

еда́
е́здить *II НСВ* (е́зжу, е́здишь)
есть *НСВ* (ем, ешь, ест, еди́м,
еди́те, едя́т) *что?*
е́хать *I НСВ* (е́ду, е́дешь)
ещё

Ж

жа́ловаться *I НСВ* (жа́луюсь, жа́луешься) *кому? на кого? на что?*

жаль

жа́рко

ждать *I НСВ* (жду, ждёшь) *кого? что?*

жела́ние

жела́ть *I НСВ чего? кому?*

жена́

жена́т

жени́ться *II СВ* (женю́сь, же́нишься) *на ком?*

жизнера́достный

жи́тель *М.р.*

жить *I НСВ* (живу́, живёшь)

З

за *Пр.+Т.п.*

заболе́ть *I СВ*

забыва́ть *I НСВ кого? что? о ком? о чём?*

забы́ть *I СВ* (забу́ду, забу́дешь)

за́втра

за́втрак

за́втракать *I НСВ*

загора́ть *I НСВ где?*

загрязня́ть *I НСВ что?* ~ во́ду, ~ во́здух

зайти́ *I СВ* (зайду́, зайдёшь)

заказа́ть *I СВ* (закажу́, зака́жешь) *что?*

зака́зывать *I НСВ*

за́муж выходи́ть ~ *за кого?*

за́мужем

замеча́тельный

занима́ться *I НСВ чем?*

за́нят; -а́, -о, -ы

заня́тие

заплати́ть *II СВ* (заплачу́, запла́тишь)

засмея́ться *I СВ*

заходи́ть *II НСВ* (захожу́, захо́дишь)

звать *I НСВ* (зову́, зовёшь) его́ (её) зову́т

звони́ть *II НСВ кому?*

здесь

здоро́ваться *I НСВ с кем?*

здоро́вье

зе́лень *Ж.р.* (растительность)

земля́

зима́

зимо́й

знако́м (-а; -о; -ы)

знако́мить *II НСВ* (знако́млю, знако́мишь) *кого? с кем?*

знако́миться *II НСВ*(знако́млюсь, знако́мишься) *с кем? с чем?*

знако́мый

знать *I НСВ кого? что? о ком? о чём?*

зна́чит

И

игра́

игра́ть *I НСВ с кем? во что?*

иде́я

идти́ *I НСВ* (иду́, идёшь)

из *Пр.+Р.п.*

изве́стный

из-за *Пр.+Р.п.*

измени́ть *II СВ что?*

изменя́ться *I НСВ*

изме́рить *II СВ что?* ~ температу́ру

изуча́ть *I НСВ что?*

изучи́ть *II СВ*

и́мя *Ср.р.*

иногда́

иностра́нец

интере́сный

интересова́ться *I НСВ* (интересу́юсь, интересу́ешься) *чем?*

иска́ть *I НСВ* (ищу́, и́щешь) *кого?* *что?*

исчеза́ть *I НСВ*

К

к, ко Пр. + Д.п.
ка́ждый
каза́ться *I НСВ* (кажу́сь, ка́жешься) ; мне ка́жется
как
како́й
како́й-нибу́дь
кани́кулы *Мн.ч.*
карти́на
ката́ться *I НСВ на чём?* ~ *на лы́жах;* ~ *на ло́дке*
ка́шель *М.р.*
кварти́ра
кино́
киносту́дия
кинофи́льм
класть *I НСВ* (кладу́, кладёшь) *кого? что? куда?*
ковёр
когда́
когда́-нибу́дь
ко́мната
конве́рт
кольцева́я *ли́ния*
коме́дия
коне́чно
кото́рый
кошелёк (*Мн.ч.* кошельки́)
краси́вый
кре́сло
крова́ть *Ж.р.*
кто
кто-нибу́дь
кто-то
куда́-нибу́дь
куда́-то
купа́ться *I НСВ где?*

купи́ть *II СВ* (куплю́, ку́пишь) *что? где?*

курс
ку́хня

Л

лёгкие *Мн.ч.* (*Ед.ч.* лёгкое – *Сущ.*)
лёгкий
легко́
лека́рство
лес (*Мн.ч.* леса́)
лет (*Ед.ч.* год)
лета́ть *I НСВ*
лете́ть *II НСВ* (лечу́, лети́шь)
ле́тний
ле́том
лечь *I СВ* (ля́гу, ля́жешь)
ли *част.*
ли́ния
лови́ть *II НСВ* (ловлю́, ло́вишь) *что? где?*
ло́дка
ложи́ться *II НСВ* (ложу́сь, ложи́шься) *куда?,* + *инф.* (спа*ть*)
лу́чше
лу́чший
лы́жи *Мн.ч.* (*Ед.ч.* лы́жа)
люби́ть *II НСВ* (люблю́, лю́бишь) *кого? что?* + *инф.*
любова́ться *I НСВ* (любу́юсь, любу́ешься) *чем?*
любо́й
лю́ди *Мн.ч.* (*Ед.ч.* челове́к)

М

ма́ленький
ма́рка
маршру́т
маши́на

мебель *Ж.р.*
между *Пр. + Т.п.*
международный
меньше
меняться *I НСВ*
местный
место
месяц
метро
мечтать *I НСВ о ком? о чём?*
младший
многие
много
может быть
можно
молодец
моложе *кого?, чем кто?*
море
мороженое
москвич (москвичка *Ж.р.*)
мочь *I НСВ (могу, можешь)*
муж
мультфильм
мясо

Н

на *Пр. + В.п.*
наверное
наверх *куда?*
наверху *где?*
над, надо *Пр. + Т.п.*
надевать *I НСВ что?*
надо
называть *I НСВ кого?*
называться *I НСВ*
найти *I СВ (найду, найдёшь)
кого? что? где?*
наклеить *I СВ*
налево
написать *I СВ (напишу, напишешь)
что? кому?*
направо

например
нарисовать *I СВ (нарисую, нарисуешь)
что?*
напряжённый
народный
насморк
находиться *II НСВ (нахожусь,
находишься) где?*
начало
начать *I СВ (начну, начнёшь)*
начаться *I СВ (начнётся)*
начинать *I НСВ что?*
начинаться *I НСВ*
недавно
недалеко
неделя
нежный
некоторый
нельзя
необходимо
неправильно
несколько
нести *I НСВ (несу, несёшь) кого?
что?*
нигде
никак
никакой
никогда
ничто
но
новость *Ж.р.*
новый
номер
нравиться *II НСВ (нравлюсь,
нравишься) кому?*
нужно

О

о, об (обо) *Пр. + П.п.*
обедать *I НСВ где?*
обеденный ~ перерыв
обещать *I НСВ что? кому?*

обра́доваться *I СВ* (обра́дуюсь,
 обра́дуешься)
обра́тно
обра́тный
обраща́ться *I НСВ к кому?* ~ *к*
 врачу
о́бувь *Ж.р.*
объясня́ть *I НСВ что? кому?*
обыкнове́нный
обяза́тельно
о́вощи
овощно́й
огуре́ц
одева́ться *I НСВ*
оде́жда
одноме́стный
ока́нчивать *I НСВ что?*
окно́
о́коло *Пр. + Р.п.*
оконча́ние
опа́здывать *I НСВ куда?*
опуска́ть *I НСВ что? куда?*
опусти́ть *II СВ* (опущу́, опу́стишь)
о́пытный
опя́ть
о́сенью
осма́тривать *I НСВ кого? что?*
осмотре́ть *II СВ* (осмотрю́,
 осмо́тришь)
осо́бенно
остана́вливаться *I НСВ где?*
останови́ть *II СВ* (остановлю́,
 остано́вишь)
остано́вка
осторо́жно
о́стров
от (ото) *Пр. + Р.п.*
отве́т
отве́тить *II СВ* (отве́чу, отве́тишь)
отвеча́ть *I НСВ на что? кому?*
отде́льно
о́тдых
отдыха́ть *I НСВ где? с кем?*

открове́нно
открыва́ть *I НСВ что?*
откры́тка
откры́ть *I СВ* (откро́ю, откро́ешь)
отку́да
отли́чно
отли́чный
отопле́ние
отпра́вить *II СВ* (отпра́влю,
 отпра́вишь)
отправля́ть *I НСВ что? куда?*
о́тпуск
официа́нт

П

пассажи́р
пейза́ж
пельме́ни
пе́рвый
пе́ред (пе́редо) *Пр. + Т.п.*
передава́ть *I НСВ* (передаю́,
 передаёшь) *что? кому?* ~
 комплимент
переда́ть *СВ* (переда́м, переда́шь,
 переда́ст, передади́м, передади́те,
 передаду́т)
пере́дняя
перепи́сываться *I НСВ с кем?*
переры́в
переса́дка
пе́сня
петь *I НСВ* (пою́, поёшь) *что?*
пешко́м
писа́ть *I НСВ* (пишу́, пи́шешь)
 что? кому? о чём? о ком?
письмо́
пить *I НСВ* (пью, пьёшь) *что?*
пи́ща
пла́вать *I НСВ*
плати́ть *II СВ* (плачу́, пла́тишь)
 что? кому?
пло́хо

плохо́й

плыть *I НСВ* (плыву́, плывёшь)

пляж

по *Пр. + Д.п.*

побере́жье

пове́сить *II СВ* (пове́шу, пове́сишь)

пого́да

под (подо) *Пр. + Т.п. и В.п.*

подари́ть *II СВ* (подарю́, пода́ришь)

пода́рок

подойти́ *I СВ* (подойду́, подойдёшь)

подру́га

поду́мать *I СВ*

подходи́ть *II НСВ* (подхожу́, подхо́дишь)

по́езд

пое́хать *I СВ* (пое́ду, пое́дешь)

поза́втракать *I СВ*

позвони́ть *II СВ*

по́здно

поздра́вить *II СВ* (поздра́влю, поздра́вишь) *кого? с кем?*

поздравля́ть *I НСВ кого? с чем?*

поздравле́ние

поздрави́тельный ~ ая откры́тка

познако́миться *II СВ* (познако́млюсь, познако́мишься)

показа́ть *I СВ* (покажу́, пока́жешь)

показа́ться *I СВ* (покажу́сь, пока́жешься)

пока́зывать *I НСВ кого? что? кому?*

покупа́ть *I НСВ*

поле́зно

положи́ть *II СВ* (положу́, поло́жишь) *что? куда?*

полюбова́ться *I СВ* (полюбу́юсь, полюбу́ешься) *чем?*

помидо́р

по́мнить *I НСВ кого? что? о ком? о чём?*

помога́ть *I НСВ кому? в чём?*

по́мощь *Ж.р.*

понима́ть *I НСВ кого? что?*

пообеща́ть *I СВ*

попроси́ть *II СВ* (попрошу́, попро́сишь) *кого? о чём?*

посла́ть *I СВ* (пошлю́, пошлёшь) *кому? что?*

по́сле *Пр. + Р.п.*

посмотре́ть *II СВ* (помотрю́, посмо́тришь) *что?*

посове́товаться *I СВ* (посове́туюсь, посове́туешься) *с кем?*

постара́ться *I СВ*

постепе́нно

поступа́ть *I НСВ куда?*

поступи́ть *II СВ* (поступлю́, посту́пишь) *куда?*

посыла́ть *I НСВ что? кому? куда?*

посы́лка

потому́ что

похо́ж, -а, -е, -и

почему́

почему́-то

по́чта

почти́

почто́вый

прав; -а, -ы

пра́вильно

пра́здник

представи́тель *М.р.*

прекра́сный

преподава́тель *М.р.*

преподава́тельница

преподава́ть *I НСВ* (преподаю́, преподаёшь) *что?*

привезти́ *I СВ* (привезу́, привезёшь, *прош.вр.* привёз, привезла́, привезли́) *что? кому?*

привести́ (приведу́, приведёшь, *прош. вр.* привёл, привела́, привели́) *кого? что? куда?*

приве́т

приводи́ть *II СВ* (привожу́,

приво́дишь) *кого? куда?*
привози́ть *II НСВ* (привожу́,
привози́шь) *кого? что? куда?*
пригласи́ть *II СВ* (приглашу́,
пригласи́шь) *кого? куда?*
приглаша́ть *I НСВ кого? что?*
куда?
пригото́вить *II СВ* (пригото́влю,
пригото́вишь) *что?*
приезжа́ть *I НСВ* (приезжа́ю,
приезжа́ешь)
прие́хать *I СВ* (прие́ду,
прие́дешь)
приз
прийти́ *I СВ* (приду́, придёшь)
прилете́ть *II СВ* (прилечу́,
прилети́шь)
принести́ *I СВ*
принима́ть *I НСВ кого? что?* ~
лека́рство
приноси́ть *I НСВ* (приношу́,
прино́сишь) *что?*
приня́ть *I СВ* (приму́, при́мешь)
приходи́ть *II НСВ* (прихожу́,
прихо́дишь)
прихо́жая
прия́тно
провести́ *I СВ* (проведу́,
проведёшь), хорошо́ ~ вре́мя
проводи́ть *II НСВ* (провожу́,
прово́дишь) *что? где?*
провожа́ть *I НСВ кого? что?*
куда?
продаве́ц
пройти́ *I СВ* (пройду́, пройдёшь)
проси́ть *I НСВ* (прошу́, про́сить)
кого? о чём?
просту́да
простуди́ться *II СВ* (простужу́сь,
просту́дишься)
простужива́ться *I НСВ*
проходи́ть *II НСВ* (прохожу́,
прохо́дишь)

прочита́ть *I СВ*
про́шлый
профе́ссия
пусть
путеше́ствовать *I НСВ* (путеше́ствую,
путеше́ствуешь)

Р

рабо́тать *I НСВ где? кем?*
рад, -а, -ы
ра́доваться *I НСВ* (ра́дуюсь,
ра́дуешься)
раз; в сле́дующий ~
райо́н
ра́зве *част.*
разгова́ривать *I НСВ с кем? о*
чём? о ком?
раздева́ться *I НСВ*
разде́ться *I СВ* (разде́нусь,
разде́нешься)
ра́зный
разреша́ть *I НСВ кому?*
разреши́ть *II СВ*
режиссёр
ре́зкий
ре́йсовый
река́
рекла́ма
реши́тельный
рис
рису́нок
роди́тели *Мн. ч.*
руководи́ть
ры́ба
ры́нок

С

с *Пр. + Т.п.*
сади́ться *II НСВ* (сажу́сь, сади́шься)
сала́т
сам

самолёт

самостоя́тельный

све́жий

све́рху

сдава́ть *НСВ* (сдаю́, сдаёшь) : ~ экза́мен

сдать *СВ* (сдам, сдашь, сдаст, сдади́м, сдаду́т) : ~ экза́мен

сде́лать *I СВ*

сде́ржанный

сеа́нс

се́рдце

сесть *I СВ* (ся́ду, ся́дешь)

се́рфинг

серьёзный

сиде́ть *II НСВ* (сижу́, сиди́шь)

ситуа́ция

сказа́ть *I СВ* (скажу́, ска́жешь)

ско́ро

ско́рость

скро́мный

скры́тный

ску́чно

слу́шать *I НСВ кого? что?*

слы́шать *II НСВ* (слы́шу, слы́шишь) *кого? что?*

смета́на

сме́лый

смея́ться *I НСВ*

смотре́ть *II НСВ* (смотрю́, смо́тришь) *что? на кого? на что?*

смочь *I СВ* (смогу́, смо́жешь) + *инф.*

снима́ть *I НСВ что?* ~ кварти́ру

снять *I СВ* (сниму́, сни́мешь) ~ кварти́ру

спекта́кль *М.р.*

сове́товать *I НСВ* (сове́тую, сове́туешь) *кому? + инф.*

сове́товаться *I НСВ* (сове́туюсь, сове́туешься) *с кем?*

совреме́нный

согла́сен; -сна, -сны

сожале́ние

со́лнце

сообще́ние

сосе́д

спа́льня

споко́йный

спорти́вный

спра́шивать *I НСВ кого? о чём?*

спроси́ть *II СВ* (спрошу́, спро́сишь)

сравни́тельно

сра́зу

сре́дний

станови́ться *I НСВ* (становлю́сь, стано́вишься) *кем? чем?*

ста́нция

стара́ться *I НСВ* (стара́юсь, стара́ешься) + *инф.*

стать *I СВ* (ста́ну, ста́нешь) *чем?; + инф.*

ста́рше *кого? чем кто?*

сто́ить *II НСВ* (сто́ю, сто́ишь)

стиль *М.р.*

стул

сфотографи́ровать *I СВ* (сфотографи́рую, сфотографи́руешь)

счастли́вый

счёт

съесть *СВ* (съем, съешь, съест, съеди́м, съеди́те, съедя́т) *что?*

сыр

сюда́

Т

табле́тка

та́кже

тако́й

тала́нтливый

та́почки

теа́тр

телеви́зор

телефо́н

температу́ра

те́ннис

тёплый

тогда́

то́же

торго́вый

тост

тради́ция

традицио́нный

трамва́й

тра́нспорт

тре́бовательный

тролле́йбус

тру́дный

туале́т

тури́зм

У

у *Пр. + Р.п.*

убира́ть *I НСВ кого? что?*

уве́рен

уви́деть *II СВ* (уви́жу, уви́дишь)
кого? что?

удиви́ться *II СВ* (удивлю́сь,
удиви́шься)

удивля́ться *I НСВ*

удо́бно

удо́бный

удо́бства

удово́льствие ; с ~ ем

уезжа́ть *I НСВ*

уе́хать *I СВ* (уе́ду, уе́дешь)

уже́

у́жин

узна́ть *I СВ что?*

уйти́ *I СВ* (уйду́, уйдёшь)

у́мный

упакова́ть *I СВ* (упаку́ю,
упаку́ешь) *что?*

упо́рный

услы́шать *II СВ кого? что?*

успева́ть *I НСВ + инф.*

успе́ть *I СВ*

успе́х

устава́ть *I НСВ* (устаю́, устаёшь)
+ *инф.*

уста́ть *I НСВ* (уста́ну, уста́нешь)
+ *инф.*

у́тром

уходи́ть *II НСВ* (ухожу́, ухо́дишь)

ую́тный

Ф

факс

фами́лия

фанта́стика

фестива́ль *М.р.*

фильм

фотографи́ровать *I НСВ*
(фотографи́рую,
фотографи́руешь) *кого? что?*

фотогра́фия

Х

хара́ктер

ходи́ть *II НСВ* (хожу́, хо́дишь)

хозя́йка

хокке́й

хо́лодно

холоди́льник

холосто́й

хоте́ть *НСВ* (хочу́, хо́чешь, хо́чет,
хоти́м, хоти́те, хотя́т) + *инф.*

худо́жник

ху́же

Ц

цвет

це́лый

цино́вка

Ч

ча́стый
часть *Ж.р.*
чей
челове́к (*Мн.ч.* лю́ди)
черта́ (хара́ктера)
че́рез *Пр.* + *В.п.*
чита́ть *I НСВ что*?
что
что́бы
что́-то
чу́вствовать *I НСВ* (чу́вствую,
    чу́вствуешь) ~ себя
чу́ткость *Ж.р.*
чуде́сный

Ш

шёлк
шкаф
шко́ла
шко́льник
шко́льница

Щ

щи *Мн.ч.*

Э

экспре́сс
экра́н
эта́ж

Ю

юг
юри́ст

Я

явля́ться *I НСВ* (явля́ется)
я́щик

Ключи к упражнениям

Урок 01

2. Отцу 44 года, Нине 18 лет, сестре 22 года,
подруге 33 года, матери 50 лет, брату 19 лет,
Алексею 30 лет, Нине 25 лет, Ким Нам Су 32 года,
Чо Ми Сону 27 лет, Марине 11 лет, Ким Со Иму 21 год.

3. 1) Мамы. 2) Сестры. 3) Виктора. 4) Моей подруги.
5) Бабушки. 6) Дочери.

4. а) Да, Нина любит кататься на лыжах. Да, Ми Сон любит
рисовать. Да, я люблю гулять в парке. Да, Нам Су любит
ходить в горы. Да, Алексей любит плавать. Да, Мария
любит играть в бильярд.

б) Да, мне нравится чай. Да, моему брату нравится рис.
Да, моей подруге нравится история. Да, Алексею
нравится математика. Да, Нам Су нравится техника. Да,
маме нравится кимчи. Да, дедушке нравятся шахматы.

6. 1) Учит (учила). 2) Учится. 3)Изучает. 4) Заниматься.
5) Занимаются. 6) Выучил.

9. – Здравствуйте! Как долетели?
– Спасибо. Хорошо.
– Это ваша жена?
– Да, познакомьтесь. Её зовут Наташа. Мы поженились в

прошлом году.

– Очень приятно, Ан Ин Хо. Наташа, вы студентка?

– Нет, я окончила университет и 1 год работала в школе. Я преподавала английский язык.

– Это прекрасно! Моя жена.

– ваша коллега. Она тоже работает в школе и преподает английский язык.

– Отлично!

– Я хочу познакомить вас с ней.

– С удовольствием!

– Я думаю вам не будет скучно.

Урок 02

2. 1) Была, будет школьницей. 2) Был, будет студентом.
3) Был, будет журналистом. 4) Была, будет артисткой.

3. 1) Врачом. 2) Школьником. 3) Преподавателем.
4) Журналистом. 5) Юристом.

4. 1) Инженером. 2) Переводчиком. 3) Артисткой.
4) Преподавателем. 5) Врачом.

5. а 1) В Москве холодно в декабре, в январе, в феврале.
2) ... в июне, в июле. 3) ... в октябре. 4) ... в мае.
5) ... в августе.

6. А 1) Мы с Ниной. 2) Мы с Андреем. 3) Мы с другом.
4) Мы с женой.

Б 1) Брат с сестрой. 2) Студент со студенткой.
3) Муж с женой. 4) Тётя с дядей.

8. А – Вы живёте вместе с родителями?

– Нет, с родителями живут мои брат и сестра. А мы снимаем небольшую квартиру.

– Значит, традиция больших корейских семей постепенно уходит?

– Да, большие семьи постепенно начинают исчезать. Молодые семьи часто живут отдельно.

Б – Покажи мне фотографию твоей семьи.

– Вот. Здесь отец, мать, брат, сестра.

– О! Какая замечательная семья!. Я сразу узнал твою жену.

– Это было в прошлом году.

– Отлично! Твои родители выглядят очень молодо.

– Я передам им твой комплимент.

Урок 03

6. 1) С часу до двух.   2) С дести часов утра до трёх часов дня.

3) С десяти часов утра до двенадцати часов дня.

4) С восьми часов утра до девяти (часов утра).

5) С двух (часов дня) до трёх (часов дня).

7. 1) После работы. 2) После завтрака. 3) Через полчаса.

4) После ужина. 5) Через месяц.

9. – Когда вы встаёте?

– Обычно я встаю в половине седьмого, а сегодня я встал в девять часов.

– Сколько часов в день вы работаете?

– Восемь часов: с девяти до часу.

– А потом?

– А потом с двух до шести.

– Что вы делаете с часу до двух?

– С часу до двух мы обедаем. Это обеденный перерыв.

– А когда вы отдыхаете?

– По субботам и воскресеньям.

Урок 04

3. 1) Поедет. 2) Получит. 3) Переведёт. 4) Приготовит.
5) Вернётся. 6) Пойдут.

4. 1) Повторит, напишет. 2) Напишет, выучит, прочитает.
3) Сделают, посмотрят. 4) Пообедает, отдохнёт, начнёт.
5) Поужинает, посмотрит, ляжет.

5. б 1) Встану, выпью, пойду. 2) Начну (работать).
3) Пообедаю. 4) Кончу (работать), вернусь. 5) Приглашу.
6) Встретимся, пойдём. 7) Вернусь, послушаю, лягу.

в 1) Встаю, пью, иду. 2) Начинаю (работать).
3) Обедаю. 4) Кончаю (работать), возвращаюсь).
5) Приглашаю. 6) Встречаемся, идём.
7) Возвращаюсь, слушаю, ложусь.

7. – Что вы будете делать в воскресенье?

– Ещё не решили. Наверное, будем дома.

– Вы хотите пойти с нами в горы? Там очень красиво, свежий воздух.

– С удовольствием. Это далеко?

– Нет, минут десять на автобусе от станции метро Наксонде.

– Где и когда мы встретимся?

– В 9 часов утра около станции метро Наксонде.

– Хорошо. Договорились.

Урок 05

2. 1) Только что начал писать; даже не начинал писать.

2) Только что начал переводить; даже не начинал переводить.

3) Только что сделали домашнее задание; даже не начинали делать домашнее задание.

4) Только что начал завтракать; даже не начинал завтракать.

5) Только что начал читать; даже не начинал читать.

3. 1) Кончил учить, кончаю учить.

2) Кончила писать, кончаю писать.

3) Кончили говорить, кончаем говорить.

4) Кончила готовить, кончает готовить.

4. 1) Забыл(а) позвонить. 2) Забыл(а) написать.

3) Забыл(а) принести. 4) Забыл(а) взять / купить (ручку).

7. 1) Не надо отвечать. 2) Не надо писать. 3) Не надо учить.

4) Не надо учить наизусть.

9. – Покажите, пожалуйста, этот бумажник.

– Бумажник? Какой? Большой или маленький? Посмотрите этот бумажник. Он не очень большой и не очень маленький.

– Да, этот бумажник мне нравится. Я куплю его. Сколько он стоит?

– 30000 вон.

– Это нормальная цена. Я возьму его.

Урок 06

3. 1) Что делала Анна, когда Нина слушала радио?

2) Что делал мой друг, когда его брат повторял глаголы?

3) Что делал Ким Нам Су, когда его жена готовила обед?

4) Что делала Чо Ми Сон и Нина, когда Ким Сан Вон и Алексей смотрели телевизор?

5. 1) Я думаю, что завтра, когда преподаватель будет объяснять грамматику, все студенты будут внимательно слушать.

2) ..., когда мой друг будет делать домашнее задание, я буду помогать ему.

3) ..., когда Ми Сон будет разговаривать по телефону, Нам Су будет смотреть новые слова в словаре и переводить статью.

4) ..., когда Чо Ми Сон будет рассказывать о своей сестре, Нина будет внимательно слушать.

11. – В каком году проходили Олимпийские игры в Сеуле?

– Олимпийские игры проходили в 1988 г.

– Говорят, около 26 тысяч корейцев помогали проводить эти игры.

– Да, многие корейцы помогали. Корейские семьи приняли в свои дома 500 спортсменов.

– А как вы помогали?

– Я помогал регулировать в городе движение транспорта.

Урок 07

2. а) делай, изучай, решай, посылай, получай, открывай, смейся, принимай, поправляй, одевайся, раздевайся, не простужайся, не забывай;

б) вставай, продавай;

в) учи, пиши, купи, проходи, садись, дыши, живи, лежи, переведи, перенеси, бери, иди, жди;

г) встань, надень, оденься, разденься, останься, перестань.

5. 1) Не пишите! 2) Не курите! 3) Не говорите! 4) Не берите!

6. 1) Не закрывайте! 2) Не открывайте! 3) Не принимайте!
4) Не раздевайтесь! 5) Не садитесь!

7. 1) Болела. 2) Болит (болело). 3) Болела. 4) Болят (болели).
5) Болел. 6) Болит. 7) Болит (болело). 8) Болели. 9) Болел.
10) Болел.

8. 1) Жалуетесь. 2) Выписал. 3) Болела. 4) Принимать.
5) Болит. 6) Жалуется / жаловалась. 7) Принимать.

10. – Здравствуйте, доктор.
– Здравствуйте. Садитесь, пожалуйста. На что жалуетесь?
– Я плохо себя чувствую. Мне трудно дышать. У меня болит
голова, очень сильный кашель.
– Вы измеряли температуру?
– Да, у меня высокая температура.
– Пожалуйста, разденьтесь до пояса. Я послушаю сердце и
лёгкие. Так. Лёгкие и сердце в порядке.
– Можно одеваться?
– Одевайтесь. У вас бронхит. Я выпишу вам лекарство от
кашля и от головной боли.
– Спасибо, доктор. А как принимать это лекарство?
– Принимайте по одной таблетке три раза в день. Лежите. Не
вставайте.
– Спасибо, доктор.

Урок 08

3. 1) На сколько дней, сколько дней, за сколько дней, через
сколько дней.

2) На сколько недель, сколько недель, за сколько недель, через

сколько недель.

3) На сколько лет, сколько лет, за сколько лет, через сколько лет.

5. 1) Алексей и Нина будут там субботу и воскресенье.

2) Виктор будет там все каникулы.

3) Книга будет у меня десять дней.

4) Я буду помнить этот случай всю жизнь.

6. 1) Неужели за два года можно выучить русский язык!?

2) ... за два месяца ... написать ... .

3) ... за два дня ... прочитать ... .

4) ... за полгода ... построить ... .

5) ... за день ... перевести ... .

8. – Скажите, пожалуйста, у вас есть комната на одного?

– Да, пожалуйста, есть одноместные и двухместные номера. На сколько вы хотите заказать номер (комнату)?

– На две недели.

– Пожалуйста.

– На каком этаже мой номер?

– На втором.

– В комнате есть телефон?

– Да, конечно. В комнате телефон, ванная, туалет, холодильник, телевизор.

– Хорошо.

– Вашу комнату каждый день будет убирать горничная. Вот ваш ключ.

– Спасибо.

Урок 09

4. 1) Хожу. 2) Ходят / ездят. 3) Ездил. 4) Едет. 5) Ездил.

6. 1) Хожу, идёшь, иду. 2) езжу, еду. 3) Летаете, летели, летели.

7. 1) Ездил. 2) Ходила / ездила. 3) Ездили.
4) Не ходила / не ездила. 5) Ходила / ездила.

9. а – Тебе нравится московское метро?
    – Москвичи гордятся своим метро.
    – Когда открыли первую линию метро в Москве?
    – В 1935 году.
    – Сколько станций на кольцевой линии сеульского метро?
   б – Какие виды транспорта есть в Сеуле?
    – Метро, автобус, такси.
    – Каким видом транспорта ты пользуешься?
    – Обычно метро.
    – А такси?
    – Очень редко, когда у меня мало времени.
    – А ты?
    – Я езжу на своей машине.

Урок 10

3. а 1) Выходил, переходил, подходил, садился, ехал.
    2) Отходил. 3) Садился, читал. 4) Доезжал.
    5) Выходил, проходил, переходил, входил.
   б 1) Вчера я вышел из дома в половине девятого, перешёл ...,
    подошёл ..., сел ... и поехал ... . / Завтра я выйду из дома
    в половине девятого, перейду ..., подойду ..., сяду ...,
    поеду ... .

2) Отошёл / отойдёт.

3) Сел, прочитал / сяду, прочитаю.

4) Доехал / доеду.

5) Вышел, прошёл, перешёл, вошёл / выйду, пройду, перейду, войду.

4. 1) Подъезжает, подъехал. 2) Ухожу, ушёл (ушла).
3) Приносил, принёс. 4) Подбегал, подбежал.

5. 1) Пришла с почты. 2) Пришла от Нины.
3) Приехал из Пусана. 4) Приехал от сестры.
5) Пришла от врача. 6) Приш- ла из больницы.

8. 1) Проходит. 2) Выходят. 3) Приходят. 4) Выходят.
5) Приходит.

10. – Вхожите, входите, раздевайтесь. Я очень рада, что вы пришли.

– Спасибо.

– Проходите.

– У вас очень большая квартира. Какой тёплый пол!

– Да, отопление проходит под полом. Это наша кухня. Это моя комната.

– А что там?

– Там комната родителей. А дальше ванная комната и туалет.

– У вас очень уютная квартира.

– со всеми удобствами и очень чистая.

Урок 11

3. 1) К врачу, в поликлинику, у врача, в поликлинике, от врача, из поликлиники.

2) В командировку в Москву, в командировке, в Москве, из командировки, из Москвы.

3) На курсы русского языка к преподавателю, на курсах русского языка у преподавателя, с курсов русского языка от преподавателя.

4. 1) У преподавателя на консультации. 2) В гостях у друзей. 3) У родителей в Сувоне. 4. У директора на фирме.

5. а) Ким пришёл / приехал на работу в девять часов утра.
б) Он ушёл / уехал домой с работы.
в) Через час Хе Рён выйдет из школы / уйдёт с урока.
г) Ким уехал в командировку в Москву.

6. 1) Ходила / ездила в больницу к врачу.
2) Ходил к соседу домой.
3) Ходил / ездил к нему.
4) Ездила на фирму к мужу.
5) Ходила / ездила к подруге в школу.

8. 1) ... пусть зайдёт. 2) ... пусть купит.
3) ... пусть принимает. 4) пусть посмотрят.

9. 1) Давай(те). 2) Пусть. 3) Давай(те). 4) Пусть. 5) Давай(те).

12. – Позовите, пожалуйста, Наташу.
– Её нет дома. Она будет после обеда. Что ей передать?
– Пусть позвонит сесетре.
– Хорошо. Обязательно передам.
– Алло!
– Позовите, пожалуйста Нину.
– Подождите минуту, сейчас она подойдёт. Нина, тебя к телефону!

Урок 12

2. А) Привезла.   Б) Принесла.
  А) Привозит.   Б) Приносит.
  А) Увёз.   Б) Унесла.
  А) Отнесла.   Б) Отвези.

3. 1) – Давайте я отвезу. – Отвези.
  2) – Давайте я отведу. – Отведи.
  3) – Давайте я унесу. – Унеси.
  4) – Давайте я принесу. – Принеси.

6. – Ты часто переписываешься с друзьями?
  – Нет, очень редко. Но я всегда посылаю друзьям поздравительные открытки к праздникам.
  – Это хорошая традиция.
  – Сегодня я хочу послать два письма в Москву и одно письмо в Киев.
  – Надо наклеить марки. Давай я наклею их. – Спасибо!

Урок 13

3. 1) Всё упражнение. 2) Все упражнения. 3) Со всеми друзьями.
  4) Ко всему тексту. 5) Все стихи. 6) Обо всех друзьях.

5. А 1) Ни о чём. 2) Ничего. 3) Ничем. 4) Ничего.
   5) Ничего. 6) Ничего.
  Б 1) Ни о ком. 2) Никого. 3) Ни к кому. 4) Ни у кого.
   5) Ни от кого. 6) Никого.

6. 1) Нигде. 2) Никогда. 3) Никуда. 4) Никуда. 5) Нигде.

7. 1) Никого. 2) Ничем. 3) Ни к кому. 4) Ничего. 5) Никому.
6) Ни с кем. 7) Никого.

10. – Какой фильм сейчас стоит посмотреть?

– А какие фильмы ты любишь?

– Я люблю весёлые фильмы.

– Сейчас на экранах идёт новая комедия. Говорят, очень весёлая.

– Давай пойдём!

– С удовольствием. Я куплю билеты на вечерний сеанс.

Урок 14

3. 1) Какую-нибудь, какую-то.

2) Кто-нибудь, кто-то.

3) В какой-нибудь, в каком-то.

4) От кого-нибудь, кто-то.

5) С кем-нибудь, с какой-то.

6) Какое-нибудь, какое-то.

4. 1) Куда-то. 2) Кому-нибудь. 3) О ком-то. 4) От кого-нибудь.
5) Где-то. 6) Что-нибудь. 7) Кто-то.

7. – Пожалуйста, садитесь. Вот меню. Выбирайте. У нас большой выбор. Что вы хотите заказать?

– На первое я возьму овощной суп. А вы?

– А я закажу рыбный суп. – Что мы возьмём на второе?

– Ты знаешь, здесь очень хорошо готовят блины.

– Хорошо, закажем блины со сметаной.

– Ну и, конечно, сок.

Урок 15

4. 1) Прочитал(а) бы. 2) Посоветовался (-лась) бы.

3) Встал(а) бы и поехал(а) бы. 4) Взял(а) бы.

8. А – Как провели воскресенье?

– Спасибо прекрасно. Ездили на море, загорали, ловили рыбу, катались на водных лыжах.

– А мы с сыном ходили в горы.

Б – Как проводит каникулы ваш сын?

– Обычно летом он живёт у бабушки на даче.

– Что он там делает?

– О! Там очень весело. Там много детей. Они ходят в лес, загорают на пляже, купаются в реке.

Урок 16

2. А 1) Ким Нам Су спросил, что мы будем делать в воскресенье.

2) ..., что им взять из еды.

3) ..., где они встретятся.

4) ..., когда начинается мой рабочий день.

5) Хе Рён спросила Нину, какой человек её муж.

Б 1) ..., что все корейцы очень любят ходить в горы.

2) ..., что сейчас на острове Чеджу очень красиво и тепло.

4) ..., что по вторникам и четвергам он занимается на курсах русского языка.

6) ..., что её муж нескрытный. Просто они плохо знают страну и не хотят делать ошибки.

В 1) ..., знает ли она этого артиста.

2) ..., нравится ли ему изучать русский язык.

3) ..., будут ли в феврале экзамены.

Г 1) ..., чтобы мы взяли удобную обувь и лёгкую тёплую
    одежду.

   2) ..., чтобы мы открыли окно.

   3) ..., чтобы объяснила ей это правило.

3. а 1) ..., пусть возьмёт.   2) ..., пусть не опаздывает.

       3) ..., пусть позвонит.   4) ..., пусть посмотрит.

    б 1) ..., чтобы взял.   2) ..., чтобы написал.

       3) ..., чтобы не забыл.   4) ..., чтобы посмотрел.

8. – Как ты думаешь, он очень изменился?

    – Да, очень. Он стал внимательным, доброжелательным.

    – А какой он был раньше?

    – О, раньше он был требователен.

    – Да.

    – Наверное, его изменила новая работа.

    – Может быть. Теперь у него появились новые черты характера!
    Чуткость и сдержанность.

Ключи к переводу на русский язык

Урок 01

- Здравствуйте! Как долетели?
- Спасибо. Хорошо.
- Это ваша жена?
- Да, познакомьтесь. Её зовут Наташа. Мы поженились в прошлом году.
- Очень приятно. Ан Ин Хо. Наташа, вы студентка?
- Нет, я окончила университет и 1 год работала в школе. Я преподавала английский язык.
- Это прекрасно! Моя жена – ваша коллега. Она тоже работает в школе и преподаёт английский язык.
- Отлично!
- Я хочу познакомить вас с ней.
- С удовольствием!
- Я думаю, вам не будет скучно.

Урок 02

А

- Вы живёте вместе с родителями?
- Нет с родителями живут мой брат и сестра.
- А мы снимаем небольшую квартиру.
- Значит, традиции больших корейских семей постепенно

меняются?

- Да большие семьи постепенно начинают исчезать. Молодые семьи часто живут отдельно.

В

- Покажи мне фотографию твоей семьи.
- Вот. Здесь отец, мать, брат, сестра и.
- О! Какая замечательная семья! Я сразу узнал твою жену.
- Это было в прошлом году.
- Отлично! Твои родители выглядят очень молодо.
- Я передам им твой комплимент.

Урок 03

- Обычно я встаю в половине седьмого, а сегодня я встал в девять часов.
- Сколько часов в день вы работаете?
- Восемь часо Когда вы встаёте?
- в: с девяти до часу.
- А потом?
- А потом с двух до шести.
- Что вы делаете с часу до двух?
- С часу до двух мы обедаем. Это обеденный перерыв.
- А когда вы отдыхаете?
- По субботам и воскресеньям

Урок 04

- Что вы будете делать в воскресенье?
- Ещё не решили. Наверное, будем дома.

- Вы хотите пойти с нами в горы?. Там очень красиво, свежий воздух.

- С удовольствием. Это далеко?

- Нет, минут десять на автобусе от станции метро Наксонде.

- Где и когда мы встретимся?

- В 9 часов утра около станции метро Наксонде.

- Хорошо. Договорились.

Урок 05

- Покажите, пожалуйста, этот бумажник.

- Бумажник? Какой? Большой или маленький? Посмотрите этот бумажник. Он не очень большой и не очень маленький.

- Да, этот бумажник мне нравится. Я куплю его. Сколько он стоит?

- 30,000 вон.

- Это умеренная цена. Я возьму его.

Урок 06

- В каком году проходили Олимпийские игры в Сеуле?

- Олимпийские игры проходили в 1988 году.

- Говорят, около 26 тысяч корейцев помогали проводить эти игры.

- Да, многие корейские семьи помогали. Я тоже.

- А как вы помогали?

- Во-первых, корейские семьи приняли в свои дома 500 спортсменов, во-вторых, на улицах города сеульцы помогали регулировать движение транспорта.

Урок 07

- Здравствуйте, доктор.
- Здравствуйте. Садитесь, пожалуйста. На что жалуетесь?
- Я плохо себя чувствую. Мне трудно дышать. У меня болит голова, очень сильный кашель.
- Вы измеряли температуру?
- Да, у меня высокая температура.
- Пожалуйста, разденьтесь до пояса. Я послушаю ваше сердце и лёгкие. Так. Лёгкие и сердце в порядке.
- Можно одеваться?
- Одевайтесь. У вас бронхит. Я выпишу вам лекарство от кашля и от головной боли.
- Спасибо, доктор. А как принимать это лекарство?
- Принимайте по одной таблетке три раза в день. Лежите. Не вставайте.
- Спасибо. До свидания.

Урок 08

- Скажите, пожалуйста, у вас есть комната на одного?
- Да, пожалуйста, есть одноместные и двухместные номера. На сколько вы хотите заказать номер (комнату)?
- На две недели.
- Пожалуйста.
- На каком этаже мой номер?
- На втором.
- В комнате есть телефон?
- Да, конечно. В комнате телефон, ванная, туалет, холодильник, телевизор.
- Хорошо.

- Вашу комнату каждый день будет убирать горничная. Вот ваш ключ.
- Спасибо.

Урок 09

А)

- Тебе нравится московское метро?
- Москвичи гордятся своим метро.
- Когда открыли первую линию метро в Москве?
- 65 лет назад.
- Сколько станций на кольцевой линии сеульского метро?

Б)

- Какие виды транспорта есть в Сеуле?
- Метро, автобус, такси.
- Каким видом транспорта ты пользуешься?
- Обычно метро.
- А такси?
- Очень редко, когда у меня мало времени.
- А ты?
- А езжу на своей машине.

Урок 10

- Входите, входите, раздевайтесь. Я очень рада, что вы пришли.
- Спасибо.
- Проходите.
- У вас очень большая квартира. Какой теплый пол!
- Да, отопление проходит под полом. Это наша кухня. Это моя

комната.

- А что там?

- Там комната родителей. А дальше ванная комната и туалет.

- У вас очень уютная квартира со всеми удобствами и очень чистая.

Урок 11

- Позовите, пожалуйста, Наташу.

- Её нет дома. Она будет после обеда. Что ей передать?

- Пусть позвонит сестре.

- Хорошо. Обязательно передам.

- Алло!

- Позовите, пожалуйста, Нину!

- Подождите минуту, сейчас она подойдёт. Нина, тебя к телефону!

Урок 12

- Ты часто переписываешься с друзьями?

- Нет, очень редко. Но я всегда посылаю друзьям поздравительные открытки к праздникам.

- Это хорошая традиция.

- Сегодня я хочу послать два письма в Москву и одно письмо в Киев.

- Надо наклеить марки. Давай я наклею их.

- Спасибо.

- Эти письма надо опустить в почтовый ящик для международных писем.

Урок 13

- Какой фильм сейчас стоит посмотреть?
- А какие фильмы ты любишь?
- Я люблю весёлые фильмы.
- Сейчас на экранах идёт новая комедия. Говорят очень весёлая.
- Давай пойдём!
- С удовольствием.
- Я куплю билеты на вечерний сеанс.

Урок 14

Официант :	Пожалуйста, садитесь. Вот меню. Выбирайте. У нас большой выбор блюд. Что вы хотите заказать?
Мать :	На первое я возьму овощной суп. А ты?
Сын :	А я закажу рыбный суп.
Мать :	Что мы возьмём на второе?
Сын :	Ты знаешь, здесь очень хорошо готовят блины.
Мать :	Хорошо. Закажем блины со сметаной.
Сын :	Ну и, конечно, сок.

Урок 15

А

- Как провели воскресенье?
- Спасибо, прекрасно. Ездили на море, загорали, ловили рыбу, катались на водных лыжах.
- А мы с сыном ходили в горы.

Б

- Как прводит каникулы ваш сын?

- Обычно летом он живёт у бабушки на даче.

- Что он там делает?

- О! Там очень весело. Там много детей. Они ходят в лес, загорают на пляже, купаются в реке.

Урок 16

- Как ты думаешь, он очень изменился?

- Да, очень. Он стал внимательным, доброжелательным.

- А каким он был раньше?

- О, раньше он был очень требовательный.

- Неужели он был требователен?!

- Да.

- Наверное его изменила новая работа.

- Может быть. Теперь у него появились новые черты характера: чуткость и сдержанность.